O QUE SERÁ

Jean Wyllys

O que será
A história de um defensor dos direitos humanos no Brasil

Com
Adriana Abujamra

OBJETIVA

*Grafia atualizada segundo o Acordo Ortográfico da Língua Portuguesa de 1990,
que entrou em vigor no Brasil em 2009.*

Capa
Thiago Lacaz

Foto de quarta capa
Bernardo Guerreiro

Preparação
Julia Passos

Revisão
Angela das Neves
Luciane Helena Gomide

Dados Internacionais de Catalogação na Publicação (CIP)
(Câmara Brasileira do Livro, SP, Brasil)

Wyllys, Jean
  Ó que será : a história de um defensor dos direitos
humanos no Brasil / Jean Wyllys, com Adriana Abujamra.
– 1ª ed. – Rio de Janeiro : Objetiva, 2019.

  ISBN 978-85-470-0089-9

  1. Ativistas políticos 2. Brasil – Política e governo
3. Jornalistas – Brasil – Autobiografia 4. Wyllys, Jean
1974– I. Abujamra, Adriana. II. Título.

19-27073   CDD-070.92

Índice para catálogo sistemático:
1. Jornalistas políticos : Autobiografia   070.92

Iolanda Rodrigues Biode – Bibliotecária – CRB-8/10014

[2019]
Todos os direitos desta edição reservados à
EDITORA SCHWARCZ S.A.
Praça Floriano, 19, sala 3001 — Cinelândia
20031-050 — Rio de Janeiro — RJ
Telefone: (21) 3993-7510
www.companhiadasletras.com.br
www.blogdacompanhia.com.br
facebook.com/editoraobjetiva
instagram.com/editora_objetiva
twitter.com/edobjetiva

Para você também

Não é a minha vitória, é a nossa. Se um gay pode vencer, significa que há esperança e que o sistema pode funcionar para todas as minorias se lutarmos. Nós precisamos dar esperança a eles.

Harvey Milk

Desperto um belo dia no mundo e me atribuo um único direito: exigir do outro um comportamento humano. Um único dever: o de nunca, através de minhas opções, renegar minha liberdade.

Frantz Fanon

Mas permanece também a verdade de que todo fim na história constitui necessariamente um novo começo; esse começo é a promessa, a única "mensagem" que o fim pode produzir. O começo, antes de tornar-se evento histórico, é a suprema capacidade do homem; politicamente, equivale à liberdade do homem. Cada novo nascimento garante esse começo; ele é, na verdade, cada um de nós.

Hannah Arendt

Sumário

PARTE 3: EXÍLIO

Parte 1

Origens

Alagoinhas

Meu primeiro nome, Jean, foi ideia de uma das minhas tias, inspirada em um galã de fotonovela. O tal galã provavelmente era loiro de olhos azuis. Eu, filho de pai negro e mãe branca, nasci assim, com cara de marroquino. Já o Wyllys é uma história curiosa. Meu pai, José Dias dos Santos, trabalhou uma época como pintor de carros. Seu preferido era o luxuoso Aero Willys, criado nos Estados Unidos e fabricado por aqui no comecinho da década de 1960. Pai mal tinha cacife para comprar um Fusca de plástico, que dirá para um automóvel daquele porte. Quando nasceu o primeiro filho varão — no caso, eu —, decidiu registrar com o nome da caranga dos sonhos. Subtraiu o Aero, manteve o Willys, adicionou um "y" e pronto. Um homem semianalfabeto se fartou de ipsilones.

Sou um cara de Alagoinhas, no interior da Bahia, um lugar muitas vezes invisível para o restante do país. A cidade é localizada no interior, a 93 quilômetros de Salvador. Por anos acreditei que a faixa iluminada que eu via ao longe vinha da capital. Sentava no alto da ladeira e sonhava com um futuro melhor do lado de lá. Mais tarde, descobri que as luzes eram de uma fábrica de sabão.

Morava na Baixa da Candeia, periferia rural da cidade. Nossa casa tinha um cômodo e era feita de taipa, técnica que consiste em usar ripas de madeira prensada e barro molhado batido com as mãos para preencher os espaços vazios. O barro tem que ser úmido, mas na medida certa. Caso contrário, a casa desaba. A nossa cedeu após um temporal. Ficamos meses com um buraco enorme na lateral superior da parede. Quando chovia, ficar dentro ou fora de casa não fazia tanta diferença, pois nos encharcávamos do mesmo jeito.

Não tinha banheiro nem luz elétrica, tampouco água encanada. Esses luxos eu só desfrutei mais tarde. Água limpa tinha somente no chafariz público, que ficava aberto por apenas duas horas. Quem colocava ordem na fila era o seu Zé, um homem taciturno, magro e de unhas enormes. Nosso desafio era equilibrar a lata d'água cheia na cabeça, sobre uma rosca de trapo, sem que caísse. Essa água era armazenada em um tonel no quintal e usada para lavar louça, tomar banho, cozinhar, para tudo.

Inalva Dias dos Santos é minha mãe. Mainha é miúda, com o rosto vincado pelo sol e pelo tempo, cabelos e olhos negros, circunspecta e muito religiosa. Somos seis irmãos, nesta ordem: Josélia, Joseane (chamada de Ninha), eu, George, Ricardo e Rômulo. Todos muito parecidos, com o mesmo cabelo encaracolado. Antes de mim nasceu uma menina, mas ela morreu de tifo aos oito meses.

Prestes a completar um ano, tive uma desidratação agravada por uma disenteria. Fiquei tão fraco que meu pai correu para providenciar um caixão de bebê. Mainha desesperou:

— Ave Maria! E o menino é pagão, nem foi batizado ainda.

Para facilitar minha entrada no reino dos céus, recorreu à dona Didi e seu Maximiliano, nossos vizinhos na época, versados em assuntos divinos. O casal me deu a bênção e colocou uma vela acesa na minha mão para selar a cerimônia. Me contaram que chorei quando a cera escorreu e tocou na minha pele. Pronto, salvo pelo gongo.

Meu pai era do candomblé. Só ia à igreja para acompanhar Mainha, e olhe lá. A mãe dele — vó Rosa — morava no Sol de Oxóssi, um bairro da periferia. Não havia terreiro de candomblé no centro da cidade. A religião era vista como coisa de preto e pobre, por isso, quanto mais afastada, melhor. Vó Rosa — cabocla de cabelos lisos, grisalhos e compridos — era benzedeira. Preparava uma poção de axé de ervas para eliminar energias negativas. Santos católicos e orixás conviviam lado a lado tranquilamente em um altar em sua casa. Eu sentia um misto de fascínio e paúra. O som dos tambores ressoa em mim até hoje. Íamos ao terreiro apenas nas festas de "Ajeum", que significa comer junto. A comida era servida à vontade nessas ocasiões. Era nossa chance de tirar a barriga da miséria.

Mainha era lavadeira. "Lavava de ganho", como a gente diz por aquelas bandas, à beira do rio. Não tenho memória de minha mãe brincando comigo ou com meus irmãos. Manter-nos vivos já era uma tarefa demasiadamente extenuante para ela. Depois, foi trabalhar como empregada doméstica. Nem sempre o que recebia era suficiente para garantir a comida. Era corriqueiro a gente deitar com fome, sabe? Mainha aconselhava:

— Durma que a fome morre no corpo.

O mais comum à mesa era o velho e bom café com farinha. Não consigo me esquecer do gosto dessa mistura até hoje. Época de jaca era uma beleza. A gente se acocorava ao redor da fruta e raspava o bago com as mãos.

Raras vezes a escola oferecia merenda. Um dia, George desmaiou de tanta fome. Foi levado à secretaria, onde lhe deram um punhado de açúcar. Meu irmão corou de vergonha. Me lembrei dessa história outro dia, quando li no jornal que um menino de oito anos "apagou" na sala de aula pelo mesmo motivo. A escola desse garoto fica a apenas onze quilômetros do Palácio do Planalto, sede do governo do país em Brasília.[1] O caso de minha família é regra, não exceção. A quantidade de pessoas usufruindo uma vida digna neste país ainda é pífia. Apenas 10% da população concentra quase metade da renda do país.[2] Dá para acreditar? Significa que todo o resto está vivendo como pode. É o que fazíamos em Alagoinhas.

Uma das poucas alegrias de minha mãe era assistir às novelas na casa do compadre Oseias, que na época era o único da região a ter um aparelho de televisão. Como a TV era em preto e branco, ele cobria a tela com um plástico azul para dar uma corzinha. A imagem subia e descia ininterruptamente. A tática para resolver o problema era prender um pedaço de bombril à antena ou dar pequenos murros no aparelho. À noite, seu Oseias abria a porta para toda a vizinhança assistir à novela.

Devo ter ficado curioso, pois — segundo relatos de Mainha — decidi nascer no clímax de uma dessas sessões. Até hoje ela lamenta, em tom de galhofa:

— Perdi o último capítulo da minha novela para parir o Jé-annnn — ela diz meu nome assim, com acento no "e" e esticando o final.

Meu interesse por cultura popular vem daí. Na falta de livros, filmes e outros meios culturais, os folhetins eram a única maneira de o povo da Candeia se transportar para outros lugares e esquecer a vida sem graça que levava. Aparelho desligado, a realidade se impunha novamente.

Me lembro de Mainha ensimesmada, queixando-se baixinho da vida miserável que levávamos e dos porres de meu pai. Prática e realista, solapava meus devaneios. Um dia, ela varria as folhas secas caídas no quintal e eu desenhava no chão com um palito de fósforo. Assim que concluí minha "obra de arte", anunciei confiante:

— Mainha, quando eu crescer vou ser desenhista.

Nem bem acabei a frase, ela arrematou, varrendo para longe aquele fio de esperança:

— Sonhar é bom, menino, o problema é que a gente acorda. Agora vá buscar água, vá.

Sempre fui bom aluno, mas não havia meios de esse mantra entrar na minha cabeça. Desde cedo eu tive certeza de que um destino melhor me esperava. Anos depois, ignorando os conselhos de Mainha, prometi:

— Ainda vou entrar na universidade e tirar a gente da miséria.

— Oh, Jean, acorde! Quantas vezes preciso te explicar? Preste atenção. Esse negócio de faculdade não é para você, é para filho de rico.

Mainha só estudou até a terceira série do ensino fundamental. Ninguém em nossa família tinha diploma de coisa alguma. Como diz o adágio: "Quem nasceu pra vintém nunca chega a ser tostão".

Meu pai era o oposto. Sonhador, encurtava a distância entre a vida almejada e a real com doses cavalares de aguardente. Falastrão e cheio de certezas, ganhou o apelido de Zé Tudo Certo. Vestia calças boca de sino, camisa aberta no peito. Enfurnava-se nos botequins e não perdia uma roda de música na cidade.

— Compadre, solte um lá maior — pedia, sempre com um copo de pinga na mão.

Depois de entoar canções e entornar muita cachaça, voltava para casa de madrugada trançando as pernas. Às vezes eu era convocado a trazê-lo de volta. Ao me avistar, ele já gritava impropérios. Por conta do alcoolismo, seus trabalhos esporádicos em oficinas mecânicas começaram a minguar.

Como na vida do Zé Tudo Certo dava tudo errado, ele passou a descontar as frustrações na gente. Criativo, usava instrumentos variados para bater nos filhos: sopapo, sapato, cinta, cipó ou chute. Eu mordia o lábio em um esforço enorme para não verter uma lágrima que fosse. Não queria lhe dar o prazer de me ver sofrer. Depois, escondido, eu chorava. Minha atitude o enfurecia ainda mais:

— Não vai chorar, menino? — ameaçava, levantando novamente a cinta.

Meu pai nunca teve apreço por mim, desprezava-me. Não era nem preciso dizer, eu percebia nos gestos, nos olhares e nas sutilezas. Sentia vergonha do meu "jeitinho" perante parentes e amigos.

Mainha pediu que eu fosse à venda de seu Deraldo comprar pão. Antes de sair, abotoei minha camisa feita com retalhos de chita e calcei meus chinelos de tiras soltas remendadas com arame. Devia ser seis da tarde, pois as galinhas se recolhiam ao pé de jaca religiosamente nesse horário, e estavam todas enfileiradas no galho usado como poleiro.

O bar ficava em uma esquina entre a Primeira Travessa e a margem da linha do trem. Na fachada estava pintado de forma tosca BAR E MERCEARIA DERALDO. Pedaços de carne de charque balançavam pendurados em ganchos. Vendiam-se querosene, cigarro a retalho, açúcar, de tudo um pouco. O que mais se via eram garrafas de cachaça viscosas por fora, apinhadas nas prateleiras. Uma balança enorme era usada para pesar mantimentos.

Seu Deraldo era branquelo e de bochechas rosadas — um tipo bem diferente da maioria negra e parda da região. Usava um bigodão e um caderno para controlar as compras fiadas.

— Tome o café, mas avise a seus pais que tem um pacote de açúcar pendente aqui para pagar — costumava cobrar.

Eu estava preparado para esse tipo de constrangimento, mas não para o que estava por vir. Para enxergar do outro lado do balcão, fiquei na ponta dos pés e pedi, caprichando na concordância:

— Seu Deraldo, me dê seis pães.

Um sujeito com um copo de pinga na mão me imitou com sarcasmo:

— Seis pães! Você é estudado ou viado?

A gargalhada foi geral. Nem seu Deraldo se conteve. Ria de sacudir o corpanzil. Olhei para baixo e encarei meus pés sujos de terra. O eco das palavras reverberava na minha cabeça. "Viado! Viado!" Seu Deraldo embrulhou os pães em um papel e passou um barbante em volta. Estendi a nota de dinheiro amassada sem encará-lo. Peguei o pacote e saí sem olhar para trás.

Eu tinha seis anos. Por mais que o significado do termo "viado" me escapasse, entendi que não era positivo. Cheguei em casa e não contei nada a ninguém. Sei que ficariam chateados — comigo, não com o homem que me ofendeu. Uma criança homossexual, ao apanhar ou ser humilhada na rua, geralmente se dá conta muito rápido de que está sozinha, que não há ninguém para protegê-la. Eu vivi essa dor.

Um dia, no quintal da casa de minha avó materna, Emília, meu pai estava sentado sob a sombra do abacateiro com meu irmão George no colo. Ao seu redor, amigos, parentes, porcos e galinhas.

— Esse aqui — disse meu pai, levantando George como se fosse um troféu — será engenheiro!

Eu, que vivia à margem, espiei a cena de longe. Pai me viu e fez um sinal em minha direção:

— E aquele ali será um burro inchado! — como quem diz, será um zero à esquerda, um nada.

A partir daí, passei a ser chamado pelos primos e tios de Burro Inchado. Nunca mais cessaram os insultos.

— Não deixe que o sol passe pela cabeça de vocês!

Era assim que Mainha tirava a gente cedo da cama a fim de ir para o batente. Se algum dos filhos reclamasse, ela emendava:

— Passarinho, que não deve nada a ninguém, já está acordado, e vocês dormindo?

Josélia, minha irmã mais velha, trabalhou como doméstica e depois como atendente em uma loja. Joseane, a segunda, foi dada com dez anos a uma família para cuidar dos afazeres domésticos da nova casa. Trabalhava sem ganhar salário em troca de moradia e comida.

Uma boca a menos para sustentar. Esse tipo de arranjo era comum e fácil de ser aceito por famílias que viviam na penúria, como era o caso da nossa, resquício de três séculos de escravidão. O Brasil foi o último país a abrir as portas das senzalas e, quando o fez, nenhuma política foi elaborada para inserir essa mão de obra no mercado de trabalho. Livres, mas sem instrução, essas pessoas foram empurradas para bolsões de pobreza e passaram a viver de pequenos trabalhos domésticos em condições análogas às da escravidão. Os filhos desses escravos recém-libertos não podiam ter infância, porque desde cedo tinham que trabalhar. Sou herdeiro dessa história.

Assim como minhas irmãs, George e eu começamos a trabalhar bem cedo, eu com dez anos, ele com nove. Só meus dois irmãos caçulas foram poupados de entrar na lida. Meu primeiro trabalho foi como vendedor de algodão-doce na rua. O dinheiro ganho era dado à minha mãe para ajudar nos gastos da casa. Íamos Robério — um menino negro, nosso vizinho —, meu irmão e eu. O racismo é tão insidioso que muita gente olhava Robério de soslaio e preferia comprar de mim e de meu irmão, pelo fato de termos a pele mais clara. As pessoas não têm ideia de como é insuportável ser homossexual nesta sociedade homofóbica, ou ser negro nesta sociedade racista.

Batíamos perna pela cidade levando uma vara carregada de algodão-doce. Em dias de sol muito forte, o mais comum na Bahia, a gente se desesperava para vender tudo o quanto antes, caso contrário, o doce murchava.

Meu segundo emprego foi em um bar. Servia até bebidas alcoólicas, apesar de ser menor de idade. Na sequência, George e eu vendemos folhinha do Sagrado Coração de Jesus — que muita gente conhece como calendário — e livros de ervas medicinais.

Minha alfabetização ocorreu no centro comunitário da igreja. Foi tal qual cantou nosso rei do baião, Luiz Gonzaga:

Lá no meu sertão pros caboclo lê
Têm que aprender um outro ABC
O jota é ji, o éle é lê
O ésse é si, mas o érre
Tem nome de rê
Até o ypsilon lá é pssilone.[3]

Depois fui para a escola. Trabalhava em um período e estudava no outro. Um dia, voltando da aula, George e eu avistamos

Genivaldo — um menino retinto, que como eu devia ter uns onze anos na época — sendo empurrado por um valentão. Geni caiu no chão e a calça dele rasgou. George e eu entramos na briga. Não fosse um homem mais velho nos socorrer, também sairíamos machucados. Voltamos os três caminhando e fomos surpreendidos pela mãe de Genivaldo. Ela o aguardava na porta de casa e não estava contente. Ralhou com o filho: "onde já se viu, voltar com a calça rasgada, só podia estar aprontando novamente, Geni, toma jeito e blá-blá-blá". Explicamos a situação e o salvamos da segunda surra do dia. A partir daquele momento, nos tornamos um trio inseparável. Geni era como eu: tinha pai alcoólatra e um "jeitinho" diferente. Não falávamos sobre isso, mas havia uma identificação subentendida.

Entramos para a Igreja como coroinhas, e eu logo passei a ler a Bíblia nas missas e a protagonizar as montagens teatrais da paróquia. Não tardou, fui chamado para apresentar um programa diário na Rádio Emissora de Alagoinhas. Os moradores da zona rural, público majoritário do programa, ligavam o rádio às seis em ponto para ouvir a "Ave-Maria" de Franz Schubert. A mim cabia informar a programação da paróquia e ler trechos do Evangelho.

Uma amiga costuma dizer que nasci velho por ter virado arrimo de família muito cedo. Mas isso é só meia verdade. Era coroinha, não santo. Provei o vinho da consagração e mastiguei hóstia. Um dia, varrendo a paróquia, Geni, George e eu surrupiamos uma nota que estava saindo da caixa de ofertas. Gastamos o dinheiro em refrigerantes e sonhos — aqueles bolinhos doces fritos em gordura. Depois de nos fartarmos, bateu o remorso e procuramos o sacristão para confessar.

— Pecado de coroinha Deus perdoa — disse ele, nos absolvendo.

A paróquia era ligada às Pastorais da Juventude e às Comunidades Eclesiais de Base, movimentos criados por padres progressistas orientados pela Teologia da Libertação. Aprendi que a pobreza, o racismo, a discriminação e todas as injustiças sociais de que éramos vítimas não eram resultado da vontade de Deus Todo-Poderoso, mas descaso do poder público. Minha vida começou a ser politizada ali. Era um trabalho amplo e voluntário, com visitas a camponeses, alfabetização de adultos, organização de movimento estudantil e prevenção da aids. Muitas vezes, no trajeto de casa até a igreja, George, Geni e eu cantávamos a música de Zé Vicente a pleno pulmões:

Pai Nosso, dos pobres marginalizados
Pai Nosso, dos mártires, dos torturados
Teu nome é santificado naqueles que morrem defendendo a vida
Teu nome é glorificado quando a justiça é nossa medida.[4]

Na casa paroquial havia uma vasta biblioteca. Para um menino como eu, filho de semianalfabetos, aquilo era o verdadeiro paraíso. Qualquer brecha, era para lá que eu corria.

Havia também uma parceria entre a igreja e a Caixa Econômica Federal, que recrutava os alunos com as melhores notas para disputar uma vaga de menor aprendiz no banco. Eu tinha treze anos e acabei entre os seis finalistas. Mas logo veio um drama. Uma das exigências era o uso de um uniforme — no Nordeste, a gente diz farda azul —, que era responsabilidade da família providenciar. Nós usávamos roupas doadas pela igreja, como comprar a farda?

Todo mundo se mobilizou e, enfim, consegui uma farda, já gasta, de um menino bem mais forte. Como diz o ditado, pé de pobre não tem tamanho. Tia Doca, que era costureira, puxou daqui, cortou dali, deu um ponto lá e pronto, arrematou. Nunca fui de grandes comemorações, não costumo festejar nem meus aniversários, mas estava contente. Já a mãe de Robinson, um dos candidatos preteridos no concurso, soltava fogo pelas ventas. Como o marido da mulher era funcionário da Petrobras, ela se achava a rainha da cocada preta:

— Quem devia ter vencido o concurso era o meu menino, não o viado filho daquela esmoler!

Sabe como é interior, né? O diz que diz do povo logo chegou aos ouvidos de minha mãe. Ela engoliu calada e nunca falou sobre o caso. Só há alguns anos, em uma de minhas visitas a Alagoinhas, ela revelou a história que remoeu durante todo esse tempo:

— Jean, que Deus guarde aquela criatura, mas como eu queria que ela estivesse viva só pra ver até onde você chegou! Ah, fomos pobres, filho, mas nunca esmoler!

Aos treze anos, tive a minha primeira relação sexual. Foi com uma mulher mais velha e muito bacana. Um dia fui visitá-la em sua casa:

— Jean, você já beijou? — ela perguntou, do nada.

— Nunca.

— Quer aprender?

— Ah, quero — respondi, encabulado.

Nos beijamos e fiquei excitado. Ela percebeu e riu.

— Sabe para que isso serve?

— Mais ou menos.

Pronto. Rolou e foi ótimo. Tive uma mentora sexual mulher, gostei bastante da aula, nunca fui abusado e, mesmo assim, sou homossexual. Ou seja, esse papo de procurar um trauma na infância para justificar tratamento de "cura" gay é balela. Em geral nós, os gays, principalmente na adolescência, estabelecemos uma identificação com as divas. Minha ídola era a Madonna. O jogo é sutil. É como se através dessas mulheres maravilhosas nos fosse possível atrair e experimentar o desejo de beijar outros homens. Foi nessa fase que comecei a perceber que meu amor era direcionado aos meninos. Não era só amizade, queria abraçá-los e ficar junto. Mas nunca tinha visto dois homens trocarem afeto, nem nas novelas, nem nos livros, muito menos na rua. Sofri. Eu era diferente, errado, torto.

Aos catorze anos, em uma colônia de férias destinada a jovens e ligada à Igreja, vi um sujeito de uns trinta anos, baixo e calvo, recitando o poema "José", de Carlos Drummond de Andrade:

E agora, José?
A festa acabou,
a luz apagou,
o povo sumiu,
a noite esfriou,
e agora, José?
e agora, você?[5]

Era Chico Dantas, professor de teatro e literatura, que, muito à vontade, dizia abertamente amar pessoas do mesmo sexo e que não havia nenhum problema nisso. Até então, a única referência de homossexual que eu tinha era Chinha, a travesti da cidade, que era tratada feito lixo. Pela primeira vez encontrei uma pessoa inteligente e orgulhosa de sua homossexualidade. É isso, pensei, querer existir e não desejar morrer por ser gay. Porque eu negava em mim esse traço. Queria apagá-lo, camuflá-lo, não ser quem eu era. Chico logo entendeu e aconselhou:

— Não adianta esconder, as pessoas vão te xingar de viado de qualquer maneira.

Era verdade. Recordo-me do programa humorístico *Os Trapalhões*, muito popular nos anos 1970 e 1980, a que eu assistia na casa do compadre Oseias. Didi Mocó, interpretado por Renato Aragão, debochava de qualquer personagem que esboçasse delicadeza: "Hum, ele camufla", dizia, desmunhecando a mão de forma afetada. Adultos e crianças não se continham, olhavam na hora para mim, repetindo os gestos e as palavras do comediante. Chico nem sabe o bem que me fez. Mesmo que minha primeira relação com outro homem tenha se dado apenas uns quatro anos mais tarde, saí de lá diferente. Eu era gay e não havia nada de errado comigo. Senti uma liberdade imensa.

Certo dia, ao término de uma missa, procurei dom Jaime na sacristia e fiz uma pergunta que me intrigava:

— Por que a Igreja defende as minorias das injustiças, mas não faz o mesmo com os homossexuais?

Maria, a funcionária que dobrava as batinas, olhou de esguelha. O religioso respondeu pausadamente, sem alterar o tom da voz:

— Você está perdendo a fé. Talvez seja hora de você sair da Igreja.

Seja feita a vossa vontade, dom Jaime. Aposentei minha túnica azul de coroinha e comecei a me afastar da instituição, mas não da fé nem da espiritualidade.

Entrei para o grupo de teatro de Chico Dantas, o Brecha. O ponto de encontro do elenco era a casa de Tina, alcunha de Albertina Rodrigues Costa. Dramaturga, diretora e artista plástica, estava sempre metida em um macacão sujo de tinta e rodeada de gatos. Miúda, com olhos azuis e cabelo grisalho desgrenhado, fumava um cigarro atrás do outro e por isso tinha uma voz rouca, cavernosa. Jogava tarô, fazia comida natural, falava sobre política, filosofia e o escambau. Seus filhos já eram adultos e moravam fora. Tina acolhia sapatões e veados, que ali podiam ficar de mãos dadas, algo impensável em uma cidade provinciana como Alagoinhas.

Foi lá também que vi pela primeira vez um cigarro de maconha. Eu tive receio de provar, afinal, minha referência eram os sermões sobre drogas ouvidos na igreja. Mas me intrigava perceber que aquelas pessoas na minha frente não pareciam em nada com o estereótipo do maconheiro bandido incutido na minha cabeça. Um dia, Tina foi à minha casa. Viajada e culta, passeava com desenvoltura por todos os lugares da cidade. Mainha ficou chocada com aquela figura autêntica.

— Ô, Jean, quem é essa mulher? — perguntou, assim que ela deu as costas.

Tina sempre esteve à frente de seu tempo. A presença dela alimentou meu desejo de ganhar o mundo.

Deixei o posto de menor aprendiz na Caixa para disputar uma vaga na Fundação José Carvalho, entidade filantrópica que oferecia cursos técnicos. O processo seletivo era puxado. A primeira etapa era uma prova. Os oitenta selecionados eram encaminhados para uma temporada de um mês em Pojuca, na região metropolitana de Salvador, a 46 quilômetros de Alagoinhas, para uma nova bateria de testes.

Em um sábado de manhã, reuniram todos os candidatos para anunciar os 25 classificados. A leitura foi feita em ordem alfabética. Aguardei ao lado de meu amigo Geni, que também pleiteava uma vaga. Éramos os dois pobres, gays e dos melhores da classe. Nenhum de nós poderia pagar uma escola particular, então aquela era a nossa grande chance. Embora traquinas, Geni era excelente aluno. Meu nome foi chamado, o do meu amigo não. Ele chegou tão perto de conseguir a vaga, mas viu escapar a oportunidade.

Na viagem de volta a Alagoinhas, aos prantos, Geni tentava encontrar uma explicação: "Será que foi porque eu dormi na aula?". Ali nossas vidas começaram a se separar.

O bairro da Candeia é hoje um enorme subúrbio. Muitas crianças de futuro promissor tiveram que abandonar a escola para fazer bicos e ajudar a família a se manter, outras acabaram corrompidas pelo tráfico. Robinho foi um deles. Magro e alto, morava na nossa rua, mas se envolveu com comércio de drogas e morreu executado. Por isso, as vizinhas diziam para Mainha:

— Tá certa, Inalva! Tem mesmo é que botar os meninos de pequenos para trabalhar.

A ideia é que aos pobres só restam duas saídas: trabalho ou bandidagem. Compreendo por que muitos ficaram pelo caminho. Não foi por incompetência ou por falta de vontade. Em um país em que milhões de pessoas não têm acesso aos direitos fundamentais, a tendência é reproduzir a pobreza e perpetuar a sina familiar. A educação me proporcionou mobilidade social. Mesmo assim, não acredito em meritocracia. Sou uma exceção — não a que confirma a regra, por favor —, quase um milagre.

Cartas na mesa

"Destinados a salvar um mundo que os teme e odeia." A frase define os mutantes X-Men, heróis dos quadrinhos que nasceram como uma metáfora da luta pelos direitos civis nos Estados Unidos. Desde pequeno sou fã desses personagens, e não à toa. Os mutantes têm características diferentes das dos humanos e por isso são vítimas de preconceitos. Mística, por exemplo, tem o poder de se transformar em quem quiser. A certa altura, em uma das histórias, alguém lhe diz:

— Você poderia viver a vida inteira entre os humanos que ninguém notaria. Por que não faz isso?

— Porque temos que ser aceitos como somos — responde ela.

Nós, LGBTs (lésbicas, gays, bissexuais, travestis e transexuais), somos os mutantes da sociedade. Queremos ser aceitos como somos. É uma reivindicação tão simples, mas tem sido muito difícil conquistá-la.

Poucos dias antes de partir para a escola técnica em Pojuca, chamei meu irmão George para uma conversa. Sentamos na escadaria de uma casa em construção na vizinhança, onde costumávamos passar horas olhando o céu e jogando conversa fora:

— George, preciso te contar uma coisa.

— Pois diga — respondeu meu irmão, curioso com a repentina solenidade.

— Sou gay — revelei, de supetão.

— Ô, Jean. E você acha que eu não sabia? — disse ele, mitigando meu medo de rejeição.

Sua acolhida me encorajou. Quando eu já vivia no colégio interno, aproveitei uma de minhas visitas a Alagoinhas para abrir o jogo também com Mainha. A nordestina parece frágil, mas não se iludam, ela educava os filhos com vara curta. "Quebro os dentes se um de vocês colocar um cigarro na boca!", ameaçava. Ninguém nunca ousou contrariá-la.

Mainha é tão acanhada e cheia de tabus que nunca falou sobre menstruação com minhas irmãs. Aprenderam a se virar sozinhas. Além do mais, como católica, Mainha acreditava piamente no que diziam os padres: a homossexualidade é pecado, o pecado leva ao inferno e o inferno é o terreno do coisa-ruim. No fundo, Mainha, como as mães em geral, sempre soube que eu era gay, apenas fingia não ver com medo de encarar o óbvio. Mesmo correndo o risco de ser esconjurado, abri o jogo. Expliquei tudo a ela e garanti que continuaria sendo o filho de sempre. Mainha chorou, enxugou o rosto e encerrou a conversa com uma frase seca:

— Preferia que você não fosse.

Eu também já preferi "não ser". Óbvio. Dói ser xingado de viado, ser preterido por seu pai, ser rejeitado por sua mãe, se descobrir diferente. Dói levar um tapa no meio da rua de um desconhecido porque ele implicou com seu modo de andar, ouvir piadinhas maledicentes de seus amigos. Seria mais fácil simplesmente "não ser". Mas eu sou. E não há nada de errado comigo.

Não adianta vir com ladainha: "Jesus! Eu morro do coração se meu filho desmunhecar ou minha filha falar grosso", ou "Não quero um filho gay ou filha lésbica porque sei que vai sofrer". Quer mesmo nos poupar? Dê cá um abraço e nos aceite como somos. Acredite: a maior dor é perceber que seus pais o renegam. É sutil, mas muito evidente.

Pena que pais e mães dão tanta trela para a opinião do vizinho, da avó, do pastor, do padeiro e mal sabem como os filhos se sentem. A homofobia começa dentro de casa, na ruptura silenciosa do amor. Não é algo dito, mas está nas entrelinhas, na maneira de nos tratar e olhar, como se a gente estivesse sempre fazendo algo errado. Isso machuca.

Homossexualidade não é crime nem pecado, tampouco doença, é apenas uma expressão do amor e da sexualidade, como qualquer outra. Assim como ter cabelo preto ou loiro, liso ou crespo, ser baixo ou alto. Somos diversos, essa é a beleza da vida.

Hoje, Mainha tem orgulho dos filhos gays — além de mim, um dos meus irmãos também é gay — e se tornou uma de minhas defensoras mais aguerridas. A bem da verdade, ela nunca deixou de ficar ao meu lado. Dizia se "enraivar dessa mania do povo" de fazer troça de mim: "Jean não é viado!", ralhava. Mainha negava para me proteger. Embora sua intenção fosse boa, reforçava ainda mais meu desamparo. Como negar algo que está dentro de mim e que eu sei que está lá? Para ser amado, não posso ser quem sou? O que faço: minto, escondo, mato o que trago em mim? Assim a gente aprende a ter ódio de si mesmo, um sofrimento impossível de mensurar.

Josélia, minha irmã mais velha, ia na mesma toada de Mainha. Para dar um basta na maledicência do povo, vetava minha participação nas brincadeiras "de menina" e me empurrava para as atividades "de homem". Um dia, cedi e topei jogar futebol. Diferente dos outros moleques, eu vivia vestido. Não tirava a camisa por nada, não me sentia à vontade. Nem sei explicar por quê. Mal entrei em campo, um terreno baldio da cidade, um dos garotos gritou: "Vai, boiola!". Aposentei a chuteira na hora. Reconheço que eu seria um fiasco de qualquer maneira. Entendo tanto de futebol como de criação de gado nelore. Mas e os outros? Quantos atletas brilhantes desistem por causa do preconceito? Será que há mesmo esportes destinados apenas a machos truculentos?

Em uma entrevista para a revista *Trip*, o lutador de MMA conhecido como Minotauro, um dos maiores representantes das artes marciais brasileiras e, desde 2016, embaixador de relacionamentos com atletas do UFC Brasil, declarou que não treinaria um aluno gay por medo de que ele pudesse se aproveitar do contato físico com seu corpo![1]

No outro extremo, um dos reis mundiais do skate, o americano Brian Anderson, competiu durante quase duas décadas adotando uma postura de durão. Tinha receio de perder patrocínio e ser ridicularizado pelos colegas e pela torcida. Em 2016, ele jogou a toalha: "Ouvir o termo 'bicha' o tempo todo fez com que eu pensasse desde novo que era muito perigoso falar sobre isso", disse em uma entrevista ao canal Vice Sports. "Muitos moleques sem esperança estão por aí, totalmente assustados. Ouvir minha história sobre como tudo melhorou quando destruí a vergonha de ser quem eu sou pode ajudar as pessoas a serem mais felizes. Então, falar que sou gay é uma mensagem importante".[2]

O desejo se impõe, e uma hora a gente transforma a vergonha em orgulho, mesmo que demore quase uma vida. Vide o exemplo da cartunista brasileira Laerte Coutinho. Passou a vida como homem heterossexual, casou, teve filhos, e só se assumiu como uma mulher transgênero aos 58 anos.

Em troca de migalhas de amor, nos desdobramos na tentativa de nos enquadrarmos nessa sociedade heteronormativa. Muitos e muitas de nós até se casam e constituem famílias. Outros dissimulam, usam máscaras sociais. Há homens gays que exageram nos modos truculentos, inventam namoradas e conquistas mirabolantes na esperança de dissipar as suspeitas dos colegas. Perda de tempo. Os rumores persistem à boca pequena: "Ih, esse cara diz que é Coca, mas na verdade é Fanta".

Da mesma forma que os negros não embranquecem ao ascender socialmente ou alisar os cabelos, os gays não se tornam machos porque se arvoram como tais, tampouco as lésbicas viram Barbies porque mamãe mandou. É cansativo camuflar suas características para se enquadrar e ser aceito a qualquer custo por quem amam. Na tentativa de convencer o mundo de que são o que não são, muitos se perdem e terminam loucos, depressivos, suicidas.

Nós introjetamos o ódio à homossexualidade, principalmente se disseminado por pessoas que nos são caras. A ruptura provocada no amor dos pais e os insultos vindos de todos os cantos deixam marcas profundas. É como se um software tivesse sido implantado em nossa cabeça e nos rechaçasse o tempo todo. De um lado, o desejo; do outro, a sociedade nos chamando de "pervertidos", "lixo", "vergonha", "abominações". Por isso tantos homossexuais se lavam compulsivamente após o sexo, em uma tentativa de expiar a culpa. Outros sofrem ataques de pânico em locais públicos, como se a qualquer momento pudessem ser desmascarados. E assim, o brilho de viver se apaga.

Assumir-se é uma tarefa difícil: devo ser eu mesmo ou o que os outros querem que eu seja?

Com o tempo, aprendi que a melhor maneira de escapar dessa sinuca de bico é romper com o silêncio historicamente imposto — pela família, pela escola, pela Igreja e pela linguagem — e me apropriar do discurso. Assumir esse lugar como nosso e dar a ele um significado positivo. Tomar as rédeas de nossa própria história é o que nos torna livres.

Só assim é possível esvaziar o caráter pejorativo da palavra "viado" quando dita como ofensa, para nos humilhar. "Viado", com a letra "i", e não "veado", com "e", vem do termo "transviado". Nós, gays, lésbicas, travestis e transexuais, seríamos então aqueles que "transviaram" da rota considerada "normal". Lembram da letra da marchinha de Carnaval "Cabeleira do Zezé"?

Olha a cabeleira do Zezé
Será que ele é?
Será que ele é?
Será que ele é bossa-nova?
Será que ele é Maomé?
Parece que é transviado
Mas isso eu não sei se ele é.
Corta o cabelo dele![3]

Não canso de repetir. Sou veado mesmo. Veado sem ódio de mim, sem vergonha, sem tristeza. Veado e nem por isso um fracassado destinado a ser um nada na vida, como tentaram incutir na minha cabeça, desde que nasci. Provo o contrário. Sou um homem de sucesso. E como essa é uma batalha individual e coletiva, sempre levantarei sua bandeira. Por isso não me calei em 2017, quando um parlamentar, durante a minha fala na Câmara dos Deputados no Dia do Orgulho LGBT, me interrompeu gritando em tom ofensivo "viado". E não me calarei jamais.[4]

A pergunta que fica é: como salvar gays, lésbicas e trans que estão prestes a se matar? Como dar a eles a oportunidade de se apropriar da própria narrativa? Durante um evento em uma escola pública no Rio de Janeiro, um rapaz do ensino médio pediu a palavra. Emocionado, contou que a mãe evangélica foi categórica ao descobrir que ele era gay: "Se vire. Apague. Dê um jeito de esconder". O adolescente estava desorientado, mas, ao me ver ali, disse que se sentiu reconfortado.

Compreendo que, em um mundo cruel como o nosso, o armário ainda seja um lugar de defesa. Mas é maravilhoso para a autoestima da nossa comunidade quando pessoas de prestígio — como a cantora Daniela Mercury, o ator Luis Miranda ou a apresentadora Fernanda Gentil — tornam pública sua vida íntima. O efeito é profundo. Uma pessoa que vive nos cafundós do sertão se achando um nada, ao ver outros iguais a ela, vai entender que é, sim, possível ser quem se é e ser feliz.

Vejam só. Empolguei-me e cá estou. Voltemos à história.

No dia em que eu vim-me embora

No dia em que eu vim-me embora
Minha mãe chorava em ai
Minha irmã chorava em ui
E eu nem olhava pra trás
"No dia em que eu vim-me embora",
Caetano Veloso

Arrumei meus poucos pertences na antiga mochila de escola e em uma sacola marrom de zíper quebrado, emprestada de uma tia. Mainha foi até a porta. A luta pela sobrevivência não deixava brecha para trocas de afeto ou palavras carinhosas. Mas naquele dia, mesmo sem jeito, ela arriscou um abraço.

— Tome cuidado, Jean.

Eu já me afastava quando ela acrescentou, baixinho:

— E que Deus lhe acompanhe, filho.

E pai? Pelos botequins da cidade. Não apareceu para se despedir. George e Josélia foram comigo até o terminal. Abracei meus irmãos e entrei no ônibus. Acenei com o rosto colado na janela. A imagem deles chorando foi diminuindo, até virar um borrão ao longe e desaparecer. Deixei Alagoinhas um dia antes de completar quinze anos, mas só fisicamente.

Desci na beira da estrada. Sacola na mão, mala nas costas e Geni na memória. A primeira vez que fiz esse percurso, meu amigo estava ao meu lado. Nossa professora havia nos alertado sobre os testes da escola e decidimos ir até lá para conferir de perto. Fomos apanhados por um temporal e chegamos encharcados. Agora era diferente. Caminhei sozinho sob o sol forte por três quilômetros até chegar àquele lugar imenso, equipado com quadras de futebol e vôlei, piscina, pista de corrida e teatro. A escola funcionava em regime de internato e só éramos autorizados a voltar para casa de seis em seis meses. A família podia nos visitar nos fins de semana, mas a minha, sem muitos recursos, quase não deu as caras. A primeira vez que meu irmão George foi, ficou apalermado.

— Jean, pode comer de tudo? — exclamou, ao ver a fartura de comida à mesa.

— Claro! — assegurei. — Pode até repetir o prato.

Quase todos os alunos eram do interior nordestino e traziam a moral tacanha de suas cidades. Como eu já era então uma bicha assumida, virei alvo de insultos. Dentre a turma do bullying, havia uma menina chamada Adriana Amorim, a Drica. Cabelo curto e compaixão idem. Tinha prazer em caçoar de mim, até o dia em que beijou dois meninos na mesma festa e foi taxada de "vadia". Por instinto, saí em sua defesa. Pronto! Em uma reviravolta improvável, viramos unha e carne.

No horário da novela, eu ia para a sala de TV. Os broncos, com o intuito de me atormentar, invadiam o lugar e trocavam de canal no meio das cenas sem a menor cerimônia:

— A maioria manda! — comunicavam, já esparramados no sofá. Nem à noite eu tinha sossego. Rapazes e moças dormiam em alas separadas, eram as regras. Os moleques chutavam e batiam na parede do meu quarto com um pedaço de mármore para impedir que o "gay" dormisse. Ou então repetiam, feito um disco riscado, o título de um livro que levava meu nome:

— Leiam *Um cego chamado Jean*! Leiam *Um cego chamado Jean*![1]

Chegaram ao disparate de contratar moleques da cidade para me darem uma sova. Ameacei dar queixa, mas fui chantageado.

— Ô, viado, preste bem atenção. Se você abrir o bico, a sua amiguinha Adriana está enrascada. Todo mundo vai ficar sabendo que ela saiu escondida para ir ao bar e poderá ser expulsa.

Recuei.

Às vezes, eu simplesmente ignorava as provocações. Em outras, rebatia. Com as mãos na cintura, exagerando os trejeitos, inquiria:

— Sou veado mesmo. Algum problema?

Dos 25 alunos da turma, cinco eram gays. Embora nem todos falassem abertamente sobre o assunto, formávamos uma confraria. Klebson, um colega gordo e tímido, protegia-se ao meu lado. Criado apenas pela mãe, foi adotado por uma família em Brasília. Assim que o pai adotivo percebeu que o menino tinha "trejeitos", ameaçou devolvê-lo caso não virasse "homem". Cumpriu a palavra. Enxotou Klebson de volta para a Bahia. Os efeitos foram trágicos.

Anos depois, em 2014, eu estava na Câmara dos Deputados, em plena sessão plenária, aliviado e feliz com a reeleição de Dilma Rousseff, quando recebi uma ligação de Adriana aos prantos: "Klebson se matou, Jean". O enterro seria no dia seguinte, então eu não pude viajar à Bahia. Ainda atônito, liguei para minha irmã

pedindo que me representasse no velório. Na sequência, a roda-
-viva me arrastou para o trabalho e, assim, recalquei a dor pela
morte de meu amigo. De Klebson, guardo lembranças felizes.
Costumávamos ir a um boteco chamado Cochicho para dançar lambada. Klebson, Drica, Firmiane e eu dávamos um show.
Gostava de ouvi-lo cantar a música "Chorando se foi" do grupo
Kaoma e gargalhar:

A recordação, vai estar com ele aonde for
A recordação, vai estar pra sempre aonde for...

No último ano, os alunos saíam da Fundação para morar em
repúblicas na cidade. Os "valentões" batizaram sua morada de
Monarquia Amarela. Ah, é? Dei à nossa o nome de Pink Dots
Monarchy (Monarquia das Bolinhas Cor-de-Rosa). A Fundação
nos dava uma quantia irrisória de dinheiro para aluguel e alimen-
tação. A conta não fechava. Organizamos uma rebelião. Munidos
de marmitas vazias, nos postamos em frente à diretoria para reivindicar um aumento. Vencemos!

O ensino era individualizado. Não havia professor em sala de
aula. Cabia aos alunos organizar um cronograma e dar conta dos
conteúdos, que eram divididos em módulos. A gente tinha três
opções de cursos: tradutor e intérprete, técnico de mineração e
ciência da computação. Escolhi a última porque deduzi que me
colocaria melhor no mercado de trabalho.

Quem não atingisse média oito em todas as matérias era
mandado de volta para casa. Apenas a metade da nossa turma
conseguiu pegar o canudo. Lembro de varar a noite debruçado
sobre livros. É curioso observar que os homossexuais, os negros,
as minorias de uma forma geral, são sempre os mais esforçados,
como se a gente tivesse que provar nosso valor a todo instante.

Por mais que eu fosse arrimo de família, minha vontade, no fundo, era simplesmente ser amado como os outros, sem ter que fazer tanto esforço.

Concluído o ensino médio técnico, fui aprovado para dois estágios. Um em Alagoinhas, outro em Salvador. O primeiro oferecia um salário mais vantajoso. O segundo, me abria o mundo. Eu não queria voltar de jeito nenhum. Viver minha homossexualidade em Alagoinhas era impossível. Salvo raras exceções, somos impelidos a sair de casa cedo e ir para longe — a única maneira de viver plenamente nossa sexualidade.

Cheguei a Salvador no início de 1994, sem parente nem aderente. Encontrei na rede de amigos a família que deixei para trás. Fui morar em um puxadinho descarnado, sem reboco e de cimento cravado em uma invasão (na Bahia, a gente chama favela de invasão). O lugar foi emprestado pela mãe de um colega da Fundação. Não gastar com aluguel foi uma mão na roda.

Trabalhava como programador no Hospital Português. Minha vida era restrita — de casa para o trabalho, do trabalho para casa. Só fui conhecer os pontos icônicos da cidade quando recebi meu primeiro salário. Fui de ônibus até o centro, comprei um cachorro-quente, uma coca-cola e arrematei com um acarajé. O momento merecia esbanjamento.

Um colega, que já morava em Salvador há mais tempo, convidou um grupo de amigos egressos do colégio interno para conhecer a rua Carlos Gomes. Nessa época, o comércio baixava as portas à noite e a rua virava o bafão gay.

Primeiro passamos em um bar e, de lá, logo fomos à Boate Is'Kiss, como anunciava o letreiro brilhante. O lugar era minúsculo. As paredes eram pretas e adornadas com espelhos. Um globo no teto refletia luzes coloridas. Para um rapaz de Alagoinhas, recém-saído de um colégio interno, aquilo era o suprassumo da modernidade. Travestis, bichas, sapatões e "entendidos" — maneira como a gente se referia à população LGBT na época — dançavam na pista ou em cima das mesas. Casais de homens e de mulheres se beijavam com naturalidade. Descobri um mundo de iguais, um canto onde era permitido ser quem somos.

Às tantas, as luzes escureceram e começou a tocar uma música lenta. Nunca tinha visto tanto gay de rosto colado. Ali, era possível demonstrar carinho. Um rapaz bonito me convidou para dançar. Meio sem jeito, e ainda digerindo tanta novidade, o caipira aqui recusou.

Klebson, que até então jurava de pé junto que não era gay, perguntou:

— Jean, beijar pega aids?

— Claro que não. Que loucura é essa?

— Ah, é? — disse ele.

Em segundos, esqueceu o discurso e lascou um beijo cinematográfico em um rapaz. Foi maravilhoso. Quando saímos da boate, já estava amanhecendo. Nem percebi o tempo passar. Quem dera aquela fantasia fosse eterna: deixar o gueto e voltar para o mundo lá fora, onde tudo continuava como antes, foi um choque.

Naquela época, era praticamente impossível encontrar um casal homossexual circulando nos grandes centros urbanos. Ainda hoje, mesmo depois das conquistas da comunidade LGBT, tal acinte ainda pode ser perigoso. Basta lembrar-se do casal gay espancado em Araraquara com uma pá por ter se abraçado em uma praça, em 2017, ou analisar os resultados da Pesquisa Nacional sobre o Ambiente Educacional no Brasil, divulgados em 2016, em que 73% dos jovens LGBT entrevistados relataram ter sofrido agressão verbal ou física dentro da escola.[2] Com esse avanço do conservadorismo em todo o mundo, parece que as cidades voltaram a se fechar à nossa presença.

Pouco tempo depois, Drica e Firmiane Venâncio, outra amiga do colégio interno, vieram para Salvador. Fomos morar em um condomínio de habitação popular, que, apesar de ser no mesmo bairro, não era mais na favela. Os pais de Firmiane foram os fiadores e nos emprestaram os móveis.

Como éramos fascinados pela Semana de Arte Moderna de 1922, decidimos homenagear as figuras e as obras importantes da época. Nosso apartamento ganhou o nome de Abaporu, numa referência a uma das principais telas do movimento modernista. A geladeira foi batizada de Tarsila do Amaral, o fogão de Oswald de Andrade, e assim por diante.

Eu era o único que trabalhava e arcava com todas as despesas da casa, isso sem contar o dinheiro que eu mandava para Alagoinhas. As meninas recebiam uma ajuda financeira de suas famílias, mas era uma quantia limitada. Chegou um domingo, final de mês, um colega da Fundação veio nos visitar. Ficamos contentes, mas não tínhamos nada para oferecer, a não ser água e nossa companhia. Estávamos sem um tostão e sem nem mesmo um figo podre na geladeira.

Vendo nós três naquele miserê, nosso amigo nos salvou. Fomos todos ao mercado e enchemos o carrinho. Na volta, preparamos uma comida e sentamos à mesa. Entre garfadas de macarronada com frango, goles de coca-cola e gargalhadas, começou a tocar na rádio a música "Gente", de Caetano Veloso: "Gente é pra brilhar, não pra morrer de fome". Escutamos em silêncio. O trecho de Maiakóvski, citado por Caetano em sua canção, parecia um recado. Anos depois tatuei esse verso no meu peito.

Depois de um tempo, as meninas se mudaram de Salvador, mas nunca perdemos contato. Firmiane estudou direito e é defensora pública. Drica, hoje atriz e professora, decidiu passar um tempo com o pai, que era porteiro em São Paulo. Ela foi embora sem sequer se despedir direito, o que me deixou mortificado. Semanas mais tarde, me mandou uma carta explicando os motivos da súbita partida. Sentia-se uma derrotada. A carreira de atriz estava empacada, não tinha um tostão e de maneira alguma queria ser um peso para mim.

Passei a dividir o apartamento com Klebson e Geni, que, depois de não ter entrado no colégio interno, conseguiu uma bolsa de estudos em um dos melhores colégios particulares de Alagoinhas, onde era o único negro e gay da turma. Era divertido viver com meus dois amigos, mas era também um caos. O apartamento vivia uma baderna, com pilhas de louça suja na pia, roupas pelo chão e pó por todo canto, sobrando para mim colocar ordem na casa.

— Mainha, passei no vestibular! — contei, de um orelhão público de Salvador, assim que vi meu nome na lista.

Silêncio do outro lado da linha. "Provavelmente a ligação estava ruim, melhor repetir as boas novas", pensei. Usando outras palavras e um tom de voz bem mais alto, repeti:

— Mainha, entrei na faculdade de jornalismo!

— Oh, Jean, menino! Não grite. Já ouvi — disse enfim. Na sequência, perguntou, meio confusa: — Mas me explica o que isso significa.

Aí, quem ficou mudo fui eu. Eu queria tanto dividir aquela alegria, mas Mainha não tinha dimensão do significado da notícia. A faculdade era a ponte mais sólida para nos tirar da miséria. Mas a cabeça de Mainha funcionava assim: Tem emprego? Então está tudo certo. Por ela tínhamos largado o estudo ainda crianças para labutar período integral. Não a culpo, mas foi frustrante. Eu queria dividir minha conquista.

Jornalismo era um dos cursos mais disputados da Universidade Federal da Bahia, a UFBA. Em 1995, não havia cotas, então eu era um dos únicos pardos, pobres, da periferia e que trabalhava da turma. Entrei na sala da aula inaugural e tomei um susto com toda aquela gente de pele branca, bonita, vestida de maneira despojada e com cara de adolescente de televisão! A maioria já se conhecia, havia estudado nos mesmos colégios de elite, eram vizinhos em condomínios grã-finos. Eu parecia o caipira em meio aos metropolitanos.

Uma das primeiras amigas que fiz foi Manuela Dias, hoje escritora e roteirista da Rede Globo. Ela morava na Barra, um dos bairros mais nobres de Salvador, em um apartamento bem bacana, de frente para o mar. Um dia, em sua casa, sentamos à mesa para almoçar e logo entrou a empregada — eles tinham empregada e eu tinha uma mãe empregada! — com uma saladinha de berinjela e outros pratos leves. Aquilo era comida? Como assim? Banquete para mim era arroz, feijão e batata frita!

Com o tempo ampliei meu repertório gustativo e cultural. Passei a frequentar museus, shows de músicas diversas e cinema. Mas sempre tive orgulho de minhas origens. Nunca fui ressentido. Carolina Machado de Carvalho, outra amiga da faculdade, que tinha na sala um enorme piano de cauda, me deixava almoçar e usar o computador de sua casa, mesmo quando ela não estava. Seus pais e a empregada me enchiam de mimos. Percebiam meu esforço e praticamente me adotaram.

O ator Wagner Moura estudava na turma acima da minha. Acompanho sua carreira desde que se vestia de milho na festa junina e teve atuação primorosa na montagem da peça *Abismo de rosas*.[3] Ainda hoje somos amigos. Foi Wagner, inclusive, quem me disse a frase que acabei usando como slogan da minha campanha em 2014: "Jean é um de nós".

Depois da aula, eu pegava no batente e só parava às onze horas da noite. Chegava em casa caindo pelas tabelas e ainda tinha que arrumar a baderna, cozinhar e estudar. Eu era um excelente aluno. Lia mais que muitos colegas vindos de classe social privilegiada. Dormia de três a quatro horas por noite, hábito que mantenho até hoje.

Lembro que a mãe de uma amiga da universidade comentou que eu não parecia pobre, pois era inteligente e tinha os dentes bonitos. Na minha escola em Alagoinhas, eles ensinavam como cuidar da higiene bucal. Segui à risca. Não perdi nenhuma oportunidade que surgiu em minha vida. Mas não é essa a questão. O que teria acontecido comigo e com toda a minha família se eu não tivesse sido aprovado na seleção da escola em Pojuca? Ou se eu não tivesse entrado na universidade pública? Como agarrar uma oportunidade se ela não surge? Penso muito nisso. Enquanto eu passava o mês de testes na instituição, minha avó Rosa morreu. Quando retornei, ela já tinha sido enterrada. Será que se eu soubesse teria passado nos exames mesmo assim?

Considero o sistema de cotas nas universidades necessário. Essa política foi sancionada pela presidenta Dilma Rousseff em agosto de 2012. De acordo com a lei nº 12711, metade das vagas oferecidas nas universidades federais são para ampla concorrência, já a outra metade segue critérios de cor, ensino e renda familiar. É uma política reparatória que pode ajudar a reduzir a desigualdade.

Os privilegiados socioeconomicamente, quase sempre brancos, largam na dianteira ao nascer. Alimentam-se bem, têm acesso a tratamentos de saúde, educação e cultura, além de estruturas familiares mais sólidas. Enquanto isso, as crianças pobres estão mais sujeitas à subnutrição e a outras mazelas que podem afetar de forma drástica seu desenvolvimento intelectual. De mais a mais, muitas vezes são obrigadas a abandonar a escola para trabalhar.

Não é justo colocar uma série de obstáculos para alguns e oferecer uma pista livre para outros, creditando à determinação pessoal o fracasso ou o sucesso nessa corrida. É de uma desonestidade intelectual vexatória. E olha que eu não fui cotista. Repito: sou exceção, não me façam a regra. Sei o que vivi para chegar até aqui. Sei também dos que, mesmo com muito esforço e talento, ficaram no caminho.

A Universidade de Brasília (UnB) foi pioneira na política de cotas raciais. Em 2004, passou a reservar vagas do vestibular exclusivamente para negros. O partido Democratas (DEM) entrou com uma ação contra as cotas. Basta espiar a paisagem humana nas universidades ou contar quantos médicos e engenheiros negros vocês conhecem para constatar que ser contra as cotas raciais é concordar em perpetuar o racismo. O pior é que esse quadro está tão naturalizado que ninguém se questiona. Como se fosse "algo da vida". Não é! Mesmo com mais de um século de abolição, seus descendentes ainda sofrem os efeitos perversos dessa herança escravocrata. Não dá para cruzar os braços.

Quase duas décadas se passaram desde que o sistema de cotas foi implantado, e aquele monte de previsões trágicas não aconteceu. Os cotistas conseguem acompanhar as aulas e apresentar bom desempenho, não abandonam a faculdade no meio (aliás, pesquisas revelam que é justamente o contrário) e os conflitos raciais não aumentaram. É claro que o sistema de cotas é complexo, não resolve o problema de uma ampla parcela de negros que sequer chega às portas da universidade, nem equaciona a discriminação racial, mas ajuda quem realmente precisa e tem funcionado.[4] No final de 2017, fui a Alagoinhas para a festa de formatura de Ricardo, meu irmão caçula, o último de nós a pegar o diploma. Esses ritos de passagem são importantes para uma família como a minha, que saiu da miséria através da educação. Arrimo de família, fui o único que não vestiu a beca ou jogou o capelo para o alto. Mas não importa, participei da festa de todos. Sei que fui a locomotiva puxando os vagões, e isso me emociona.

No final de 1996, ainda na universidade, abri mão do emprego como programador para trabalhar como estagiário no jornal *Tribuna da Bahia*. Entrei depois de passar por uma seleção para cobrir as férias de um repórter do caderno de cultura, o Joceyal Santana, um colega de Fundação mais velho que eu, também de Alagoinhas. A princípio, a chefe de reportagem não foi muito com a minha cara e, para me testar, me incumbiu de apurar a história do assassinato de um camelô em um dos shoppings mais populares da cidade, que ficava bem próximo à rodoviária. Eu estava nervoso, inseguro, mas lá fui eu fazer a primeira reportagem da minha vida — e a única para um caderno de polícia, embora o tema da violência urbana sempre tenha me interessado. Na minha monografia de conclusão do curso na faculdade, por exemplo, eu havia me debruçado sobre as páginas policiais do *Correio da Bahia* para investigar como a mídia representava a violência.

Trabalhei por um ano na *Tribuna*, mas o jornal estava em franca decadência e pagava mal, quando pagava. Passei a atrasar o aluguel e o condomínio e a percorrer a pé o longo trajeto de casa até a redação, já que eu trocava o vale-transporte por comida. Justamente nessa época, minha irmã Joseane, a Ninha, que havia sido dada para uma família criar quando criança, pediu para vir morar comigo em Salvador. Não só a recebi com alegria como banquei sua faculdade de pedagogia. Segurei a onda até conseguir uma vaga no *Correio da Bahia*, da família de Antônio Carlos Magalhães, político que exerceu grande influência durante a ditadura militar e o governo Fernando Henrique Cardoso. O contracheque era bem mais generoso. A partir daí, minha vida econômica entrou nos eixos e nunca mais saiu, graças a Deus e aos Orixás.

Como jornalista escrevi sobre quase todos os assuntos: cultura, cidade, saúde, transporte, política, só futebol ficou de fora. Logo que cheguei à redação, alguns colegas tiravam sarro por eu ser gay e tentavam me constranger. Mas eu não me aperreava. Cantava em falsete Elza Soares, Amado Batista e Daniela Mercury. De farra, criei o Grupo Gay do Correio, o GGC, em alusão ao icônico Grupo Gay da Bahia, o GGB.

Luiz Mott, um dos fundadores do GGB, era professor de antropologia na UFBA. A convite de um colega ativista, fui a uma reunião do grupo. A sede funcionava em um casarão colonial no centro de Salvador, na ladeira do Sodré. No meu imaginário, o GGB reunia centenas de gays engajados. Que nada. Na época, o grupo se resumia a cinco pessoas: Mott, o historiador Marcelo Cerqueira — namorado de Mott na ocasião e hoje presidente do GGB — e três travestis. Confesso que foi decepcionante, embora tenha compreendido a importância daquele lugar.

Mantive contato com Mott e Marcelo e comecei a publicar no jornal matérias sobre os temas tratados pelo grupo. O GGB cresceu bastante de lá para cá, desenvolveu metodologia e divulga com frequência casos de assassinatos movidos por homofobia, passando a reunir também outras instituições.

Terminei a graduação e em 2001, ano em que perdi meu pai, publiquei *Aflitos*,[5] meu primeiro livro de contos.

* * *

Com o tempo passei a compreender meu pai. Um homem inteligente, que não pôde continuar os estudos e viu naufragar suas expectativas. Talvez não fosse feliz no casamento nem desejasse uma penca de filhos. Eu sempre prometia a mim mesmo que na próxima visita faria as pazes com ele. Nada como a distância para permitir analisar o quadro com clareza e maturidade. Ficaria tudo bem. Qual o quê. Era chegar a Alagoinhas para o plano da bandeira branca ir para o brejo. Até que um dia encontrei meu pai em casa e sóbrio. Estranhei. A despeito do calor do verão baiano, ele estava deitado e coberto com uma colcha puída de chenille.

— O que o senhor tem? — perguntei, sentando na beirada da cama.

— Um bolo aqui — respondeu, levando a mão a um calombo enorme no pescoço.

Senti um calafrio. Era grave. Poucos dias depois, levei-o a Salvador para se consultar em um hospital de referência no tratamento de câncer. Fizemos o percurso de ônibus calados. O homem sentado ao meu lado, com os olhos grudados na janela, era um completo estranho para mim. Nada nos conectava.

Lembrei de outra cena parecida. Aos onze anos, fui selecionado para apresentar um jogral no dia dos professores. O ensaio ocorreria na Secretaria da Educação, bem longe de casa. Meu pai me acompanhou. Andamos por quase quarenta minutos sob o sol. Não trocamos uma palavra sequer. A professora responsável pelo ensaio me recebeu na porta da sala:

— Quem é ele? — perguntou, escrutinando meu pai.

Tive vergonha daquele homem desgrenhado fedendo a cigarro e a cachaça. Fantasiava um pai oposto ao meu: carinhoso e sóbrio. O homem que me gerou estava muito aquém de minhas expectativas.

— Quem é ele? — insistiu a mulher.

— É meu pai — respondi por fim, quase engolindo as palavras. Lá estávamos nós dois novamente, mudos, sacolejando no ônibus que nos levaria ao hospital. Meu pai era um fiapo de gente.

— Qual o diagnóstico, doutor?

— Câncer na garganta.

O médico prescreveu sessões de quimioterapia e meu pai se hospedou em minha casa para se tratar. Ele já me olhava diferente, afinal, o filho gay era há anos o homem da casa.

Foram nove meses entre o diagnóstico e sua morte. O tempo de uma gestação, mas ao contrário. Quando meu pai estava nas últimas, tia Noca, mais carola impossível, levou um sacerdote para convencê-lo a se converter ao cristianismo.

— Seu José, o senhor acredita e aceita Jesus na hora da morte? — indagou o religioso, fazendo a extrema-unção.

— Ah, padre, sei não. Preciso pensar — respondeu com uma sinceridade que me encheu de orgulho. Mesmo moribundo, não abriu mão de sua crença no candomblé.

Eu odiava quando me diziam que eu era parecido com meu pai. Demorei para me dar conta de que herdei dele as coisas de que gosto em mim: o carisma, a extroversão, o gosto por dançar e cantar. De certa forma, conduzi minha vida para ser o que meu pai gostaria de ter sido. Zé Tudo Certo me deixou tanta coisa boa e isso me emociona, essa é a verdade. Porque, ao fim e ao cabo, os pais permanecem vivos em nós.

Eu gostaria tanto que meu pai estivesse vivo para ver tudo o que fiz e conquistei. Vaidoso que era, certamente se encheria de orgulho. O filho de quem ele nada esperava, o "burro inchado", como ele dizia, é justamente quem vem trilhando o caminho que ele sonhou.

— Por favor, compadre. Em homenagem ao meu pai, solte um Nelson Gonçalves:

Naquela mesa ele sentava sempre
E me dizia sempre o que é viver melhor
[...]
Naquela mesa tá faltando ele
E a saudade dele tá doendo em mim.[6]

Somos milhões, e não somos fracos

Concluí o mestrado em letras e linguística na Universidade Federal da Bahia, em 2003. Estudei a narrativa de presidiários que sobreviveram ao Massacre do Carandiru, em 1992, quando 111 presos foram assassinados pela Polícia Militar paulista.[1] Por indicação de meu amigo Klebson, passei a dar aulas em faculdades particulares sobre cultura brasileira e baiana e teoria da comunicação e do jornalismo — algo que nunca mais parei de fazer, de um jeito ou de outro. Saí da redação para me dedicar exclusivamente ao ensino universitário.

Em 2004, além das aulas no curso de Comunicação, passei a coordenar um núcleo de pesquisas sobre mídia e cidadania nas faculdades Jorge Amado, um dos trabalhos que mais me orgulho de ter desenvolvido como professor. O núcleo, criado por mim e por dois colegas da faculdade, Amaranta César e Danilo Scaldaferri, estimulava reflexões teóricas em torno de três temas: cidadania, mídia e direitos humanos — e ainda oferecia cursos de formação em documentários. Os alunos, todos bolsistas, aprendiam desde as questões técnicas que envolvem uma filmagem — como usar a câmera, o foco e o enquadramento — até a construção do roteiro.

A gente também apresentava trabalhos de profissionais da área, como os do diretor americano Michael Moore e os do brasileiro Eduardo Coutinho. Um dos documentários mais interessantes feito pela turma retratava mães de periferia cujos filhos foram mortos pela polícia na guerra às drogas.

Nessa época, o reality show *Big Brother*[2] havia se tornado um fenômeno de audiência. O programa consiste no confinamento em uma casa cenográfica de um número variável de participantes, que são vigiados por câmeras 24 horas por dia, sem conexão com o mundo exterior. Meus alunos só falavam disso.

Mas o círculo da intelligentsia demonizava o programa — assim como todo consumo cultural de massa — sem considerar o básico: as pessoas pobres não têm cacife para ir ao teatro, ao cinema ou a exposições apreciar a chamada cultura erudita. Ora, se milhões de pessoas trocam um comício pelo último capítulo da novela, isso não pode ser considerado um mero equívoco — como bem disse o filósofo francês Jean Baudrillard.

As novelas fazem parte da nossa identidade cultural. Sempre tive interesse por televisão, seja como noveleiro assumido ou como estudioso da cultura de massa. Os meios de comunicação são fundamentais na construção do imaginário, e não podemos ficar alheios ao que se veicula nesse espaço. E foi assim, com o desejo de entender a engrenagem do programa, que decidi participar. A princípio titubeei, com receio de comprometer meu prestígio como jornalista, professor e escritor por uma aventura que poderia não dar certo. Porém, quem não arrisca, não petisca.

Para participar da seleção do *Big Brother Brasil* (bbb) era preciso enviar um vídeo para a Rede Globo. Chamei um colega da faculdade para me ajudar. Vestindo uma camiseta regata laranja, com a estante de livros do meu quarto como cenário, improvisei o texto. Disse meu nome, contei que era professor universitário e ativista gay. Despachei a fita pelo correio e voltei a tocar minha vida.

Quase um mês depois, enquanto eu estava na fila do banco, tocou o celular. Atendi e, do outro lado da linha, uma voz se apresentou. Disse que era funcionária da Globo, que eu havia sido pré-selecionado para o BBB e precisava ir ao Rio de Janeiro. "É trote?", perguntei, incrédulo. A moça riu, assegurou a procedência e combinou os detalhes da viagem.

Uma das cláusulas do contrato exigia sigilo. Inventei uma desculpa qualquer e pedi para outra professora me cobrir nas aulas da faculdade. Vesti uma de minhas camisas com a estampa de são Jorge e parti. Uma mulher no aeroporto do Rio de Janeiro me recebeu com uma placa com meu nome. O motorista nos levou a um hotel na Barra da Tijuca, onde quinze pessoas em uma sala nos aguardavam sentadas a uma mesa redonda. Uma delas era o Boninho — José Bonifácio Brasil de Oliveira, filho do ex-todo-poderoso da Globo —, mas na ocasião eu não fazia a menor ideia de quem ele era. O grupo parecia uma metralhadora de perguntas: "De onde você vem?"; "Por que se inscreveu?"; "Como você lida com rejeição?".

Para esta última saquei uma estrofe da música "Mutante" (1981), da Rita Lee:

Quando eu me sinto um pouco rejeitado
Me dá um nó na garganta
Choro até secar a alma de toda mágoa
Depois eu passo pra outra
Como mutante
No fundo sempre sozinho
Seguindo o meu caminho

O diretor Alexandre Guimarães me olhou pensativo. Parecia ter se identificado com o que eu disse. Gordo e gay, suicidaria-se alguns anos depois.

— Você acha que os gays são sozinhos? — perguntou, quebrando o silêncio da sala.

— Sim — respondi. — Acho que somos obrigados a ficar sozinhos. Nos negam o direito de ter alguém.

Da sabatina, fui encaminhado para uma conversa com uma psicóloga, de lá para um check-up médico e, só então, tarde da noite, voltei para Salvador.

Nessa época, eu tinha como vizinha uma senhora chamada Celeste. Muito simpática, mas se me encontrava no corredor não parava de falar. Quando eu estava atrasado, corria dela. Se tinha tempo, aceitava um dedo de café e uma prosa. De lambuja, Celeste jogava tarô para mim:

— Menino! — disse ela, com o indicador martelando sobre uma das cartas. — Tô vendo aqui fama e muito dinheiro! Jogou na loteria? Como não? Está esperando o quê?! Corre que você vai ganhar uma bolada — previu, sem fazer a menor ideia de que eu pleiteava uma vaga no BBB.

Dias depois, recebi outro telefonema da Rede Globo. Eu havia me classificado para a última fase da seleção. Para isso, uma equipe da emissora iria comigo a Alagoinhas gravar um vídeo. Consenti, mas avisei que seria impossível manter sigilo se batessem na porta da casa de Mainha com tanta parafernália. Combinamos uma desculpa: o *Fantástico* faria uma reportagem sobre professores, e eu seria um dos entrevistados. Mas me senti na obrigação de contar a verdade ao menos para minha irmã Joseane, que morava comigo.

— Ninha, sente aqui — disse, mostrando um lugar ao meu lado no sofá.

— Pois fale logo, Mino. Por Deus, o que foi? — afligiu-se, pressentindo uma notícia importante.

Assim que expliquei a ela toda a história, Ninha chorou. Assegurei que nunca lhe deixaria desamparada e nos abraçamos. A equipe da Globo foi até a casa de Mainha, na Baixa da Candeia.

— Não vou aparecer na televisão — foi logo avisando, encabulada, ao se deparar com aquela gente toda.

A muito custo, a equipe conseguiu persuadi-la. Mainha entrou em cena acabrunhada e me entregou uma caixa azul. Dentro, havia um boneco com os dizeres: VOCÊ ESTÁ DENTRO DO BBB.

Só tive tempo de passar meus cartões de banco e senhas para Ninha pagar as contas e jogar algumas peças de roupa na mala. Tive o cuidado de levar todas as camisetas com a imagem de são Jorge que eu tinha no armário, e não eram poucas. Aliás, tenho uma coleção de imagens do santo guerreiro em casa, que corresponde aos orixás Ogum e Oxóssi no candomblé.

No Rio de Janeiro fui levado a um hotel em Copacabana — ironia do destino, a uma quadra de onde morei. Os selecionados passavam dez dias trancafiados no quarto, sozinhos, sem poder sair, assistir televisão, ler jornal ou ter qualquer contato uns com os outros. Desconectado do mundo, eu não fazia ideia de que as vinhetas do programa com a história de cada participante estavam sendo exibidas diariamente. Minha diversão era escrever em um bloco de papel e ler *Os cem melhores contos brasileiros do século*, organizado pelo Italo Moriconi — único livro que tive chance de colocar na mala.

— Tudo pronto? Chegou a hora! — avisou o chefe de produção, batendo na porta.

Com são Jorge no peito, entrei no elevador e dei de cara com a então ex-miss Paraná Grazi Massafera.

— Nossa, como você é linda! Parece que saiu da televisão —
não me contive.

Quando a porta do elevador abriu, tomei um susto. Vocês não
fazem ideia da loucura que era aquilo. Um corredor de repórteres
e fotógrafos. Grazi avançou sorrindo em direção aos flashes, eu
recuei assustado. Ela percebeu que eu empaquei e me puxou pela
mão. As pessoas nos chamavam pelo nome, todo mundo sabia
quem a gente era.

Seguimos de comboio até os estúdios da Globo. Eu era o mais
velho dos participantes e o único com nível superior e mestrado.
Pedro Bial, na época apresentador do programa, passou a me chamar de "professor". Eu era o oposto do biótipo predominante nesse
tipo de programa: nunca tive corpão, tampouco sou bonito. Minha
presença incentivou que bolassem provas antes inimagináveis para
um BBB, como declamar poemas. Por ter saído de casa muito cedo,
eu sabia me virar muito bem sozinho, então cozinhava para todos.
Foi inevitável, e acabei assumindo a liderança. Como as câmeras
ficam escondidas, teve uma hora que simplesmente esqueci que
tudo era gravado e fiquei à vontade. Até que veio o primeiro paredão — quando dois dos participantes são escolhidos pelos colegas
para serem eliminados (a decisão final fica a cargo da audiência).

Pedro Bial disse que havia acontecido algo inédito na história
do reality show. Pela primeira vez, um dos *brothers* tinha recebido metade dos votos da casa para sair. Adivinhe quem era? Eu.

— Você faz ideia por quê? — quis saber Bial.

— Porque sou gay — respondi.

Eu sabia muito bem como o preconceito opera. Fui sozinho
para o quintal, na chuva, e chorei. Será que ter entrado no programa tinha sido a pior besteira que fiz na vida?

Um time de bofes musculosos, que nunca havia ficado tanto
tempo em um espaço pequeno com um gay, uniu-se contra mim.

Mas os telespectadores podem escolher quem fica e quem sai da casa. No momento em que falei em rede nacional que era gay — com orgulho, convicção e coragem —, foi como se a audiência suspendesse a respiração por alguns segundos. Mainha tomou um susto. Embora já soubesse há anos, preferia evitar tanto escarcéu e o diz que diz do povo de Alagoinhas. Acalmou-se após ouvir o comentário de um de seus compadres:

— Dona Inalva, a senhora deve estar muito orgulhosa. Seu filho foi mais homem do que muitos que conheço!

Como a televisão chega aos confins do país, em pouco tempo a luta organizada da comunidade LGBT, sempre muito restrita à elite, se espalhou. Era como se, em miniatura, eu representasse o que os homossexuais sofrem constantemente. Eles puderam se reconhecer em minha história. A partir de então, o movimento ganhou combustível e iniciou uma campanha nacional para que eu permanecesse na casa.

Nos dias de paredão, o Grupo Gay da Bahia (GGB) designava duas pessoas para votarem o dia todo pelo telefone. O advogado Fernando Quaresma, presidente da Associação da Parada do Orgulho LGBT de São Paulo, fez o mesmo — deixava o telefone escondido embaixo da mesa enquanto atendia seus clientes. Ativistas do movimento contam que por pouco não ficaram com tendinite de tanto apertar as teclas do aparelho.

Mas o apoio que recebi não veio apenas do gueto. A audiência não queria ver os valentões truculentos me tirarem do jogo. Alagoinhas parou para acompanhar o programa numa grande tela armada na praça central da cidade. Ao fim e ao cabo, os bacanas foram caindo, um a um. Depois de 79 dias de confinamento, e com são Jorge no peito, sentei novamente em frente à televisão ao lado de Grazi, a outra finalista. Na tela, Bial fazia suspense.

Quando, enfim, anunciou o vencedor, comecei a chorar: "Eu não acredito! Eu não acredito!", repetia, abraçado à Grazi.

Até Mainha encarou um avião pela primeira vez e foi ao Rio para acompanhar a final.

— Ficou com medo? — inquiri, curioso.

— Que nada, filho. Foi a parte que mais gostei — respondeu, toda prosa.

Minha vida se transformou completamente de lá para cá — e nunca mais foi a mesma. Da noite para o dia virei uma celebridade. Alagoinhas fechou o comércio e armou uma micareta com trio elétrico para me receber. Uma multidão saiu às ruas gritando meu nome para celebrar, e um tanto apenas para tirar uma lasca do prêmio de 1 milhão. Recebi pedido para bancar festa de debutante, quitar conta de luz atrasada. Minha mãe se zangou e colocou o povo para correr: "Mas Ave-Maria, que agonia, nem eu fui ajudada ainda!".

Assim que o dinheiro bateu na minha conta, dei à Mainha uma casa espaçosa, com um jardim para as plantas de que tanto gosta. E ela, que passou a vida inteira reclamando da casa da Baixa da Candeia, agora se queixa de viver longe das irmãs que ainda moram por lá. Nem a máquina de lavar louça parece ter lhe agradado.

— Jean, esse troço moderno não sabe lavar direito — costuma dizer com sabão e bucha na mão, fazendo o serviço à moda antiga.

Comprei também um apartamento com dois quartos em Salvador para Ninha morar — e onde me hospedo quando vou à cidade. Minha irmã mantém meu quarto impecável — brinco até que ela sofre de Transtorno Obsessivo-Compulsivo (TOC). Deixa dois pares de chinelos alinhados quase milimetricamente ao lado da cama, vaso com flores e cheiro de limpeza. À mesa, todos os pratos de que gosto: quiabada com camarão, vatapá e sopa.

Logo que saí do BBB, muita gente vinha me agradecer, seja na rua ou por carta. Um sujeito corpulento e barbudo disse que fui responsável por ele aceitar a homossexualidade do filho. Um colega do colégio interno pediu desculpas pelas crueldades que me fez no passado. Um jovem passou a aceitar a própria sexualidade e a encará-la de maneira positiva depois de me acompanhar pela TV. Uma mãe se arrependia por ter demorado tanto para compreender o filho, que tinha sido expulso de casa, teve que se prostituir para sobreviver e morreu de aids, na Europa, sozinho e longe dos seus. Enfim, aquela edição do BBB produziu um debate interessante sobre a diversidade sexual, e o programa bateu recorde histórico de audiência. Aquilo não foi mero entretenimento. Intelectuais de prestígio, como o filósofo e ex-ministro da Educação Renato Janine Ribeiro, escreveram sobre o assunto. Destaco um trecho do que ele disse:

Quando se fala em BBB, [...] trata-se do assunto com mil luvas, como se fosse matéria fecal. Não é engraçado? Que, ao mesmo tempo que pela primeira vez um personagem com características intelectuali-zadas se torna popular e mostra à população que o conhecimento pode gerar pessoas melhores, as pessoas que vivem de se mostrar intelectuais neguem de pés juntos qualquer ligação com isso, in-sistindo que o papel de intelectual não pode se comprometer com a mídia popular?[3]

Somos milhões, e não somos fracos. Com o sucesso no BBB 5, fui convidado a participar de várias Paradas do Orgulho LGBT. Os organizadores achavam que eu havia prestado um ótimo serviço à luta pela conquista dos direitos civis dos homossexuais. Rompi, involuntariamente, os estereótipos de bicha alegre, vazia, fútil e engraçada. Ou o de bicha deprimida, promíscua e que não aceita a sua sexualidade. Fiz um verdadeiro périplo pelo país. Eu já era assíduo nos eventos em Salvador, mas naquele ano os cartazes de divulgação estampavam meu rosto com uma frase aludindo ao programa: "Você foi ao telefone lutar contra o preconceito. Que tal ir às ruas?".

O escritor João Silvério Trevisan me convidou para participar da 9ª Parada LGBT de São Paulo. Trevisan foi um dos fundadores, em 1978, de dois marcos do movimento: o Somos — Grupo de Afirmação Homossexual, e o jornal O Lampião da Esquina, primeiro veículo gay da imprensa brasileira. Um dia antes da Parada, marcamos um almoço para nos conhecer. O local era um restaurante minúsculo chamado Santa Papa. O nome do lugar era uma alusão à papisa Joana, tinha até um enorme desenho dela na parede. Reza a lenda que Joana era, na verdade, uma travesti chamada João. Esse também era o nome do dono do restaurante, que, na companhia do marido, recebia os fregueses no salão.

Quando cheguei, todos se levantaram e começaram a me aplaudir. Envergonhado, sentei à cabeceira de uma mesa com dez lugares. Trevisan, elegante em seu chapéu-panamá, disse que aquele era um momento histórico e merecia um brinde. Antes do tilintar dos copos, fez um discurso, mais ou menos assim:

— Jean, você peitou aquela gente toda! É como se tivesse passado pelos doze trabalhos de Hércules, só que veado. Que bom que vivi o suficiente para ver alguém como você se unir a nós. Espero que saiba o que essa luta toda significa. Não tenho pejo em dizer: a cada Parada, a cada beijo entre pessoas do mesmo sexo, fico comovido. Saúde!

Bebemos, comemos e o pessoal da cozinha trouxe um bolo. Trevisan, que na época estava "durango", como me contou depois, sacou o cartão de crédito e fez questão de bancar a conta da mesa toda.

No dia seguinte ao almoço, pisei pela primeira vez na avenida Paulista, hoje palco da maior Parada do Orgulho LGBT do mundo. Os temporais dos dias anteriores deram folga e o céu se abriu. De cima do carro abre-alas, observando aquela multidão, tive uma sensação bonita de pertencimento. Sou fruto de um movimento maior. Faço reverência a figuras de proa como Trevisan, Luiz Mott, Aguinaldo Silva, James Green, entre tantos outros anônimos. Quando, aos seis anos, fui hostilizado naquela venda em Alagoinhas por ter jeito de gay, essa turma já estava nas ruas. Eu me beneficiei dessa luta e, ao mesmo tempo, eu a reabasteço, devolvo à comunidade o que ela fez por mim. Como um atleta que faz parte de uma equipe de corrida, pego o bastão, avanço, e mais à frente o entrego para outra pessoa:

Antes de mim vieram os velhos
Os jovens vieram depois de mim.
E estamos todos aqui
No meio do caminho desta vida
Vinda antes de nós
E estamos todos a sós
No meio do caminho desta vida
E estamos todos no meio
Quem chegou e quem faz tempo que veio[4]

Conheci Nova York em 2011. Mal cheguei na cidade, corri para ver de perto o icônico bar Stonewall Inn, localizado no final de uma rua no bairro Village. Em frente ao bar, foi construído um monumento para homenagear as contribuições daqueles jovens para a nossa luta. O confronto ocorrido em 1969 naquele cenário inspira até hoje as Paradas LGBT ao redor do mundo.

Essa história está bem narrada no documentário *A revolta de Stonewall*. O bar era um lugar escuro encardido, frequentado por travestis, gays e lésbicas. Nessa época, a comunidade LGBT sofria ataques e não contava com nenhuma proteção constitucional, sendo vetado a ela o consumo de bebidas alcoólicas nos bares licenciados pelo Estado. Caso os estabelecimentos infringissem as normas, corriam o risco de perder a licença. A máfia se aproveitou da situação para abrir bares clandestinos e vender bebidas roubadas a preços estratosféricos. Sem outra saída, a população LGBT se sujeitou à extorsão. As batidas policiais nesses locais eram rotineiras e vexatórias. Queriam varrer da cidade os "esquisitos" indesejáveis.

Numa noite de sexta-feira, em 28 de junho de 1969, a polícia baixou no Stonewall e enxotou todos os comensais para o fundo do salão. Exigiram documentos, distribuíram safanões e começaram a algemar as pessoas. Quem resistisse tomava mais porrada. As travestis, justamente as mais humilhadas, decidiram dar um basta. Sem medo das consequências, arremessaram latas de cerveja contra os policiais. Quem passava na rua parou para ver o que acontecia e se uniu à batalha. Vaiaram os meganhas e subiram nas viaturas. Assustados, os policiais tentaram escapar, mas não conseguiram. Inúmeras viaturas chegaram ao local. O confronto só arrefeceu ao amanhecer, com escombros por todos os cantos e gays, lésbicas e travestis presos.

Na noite seguinte, o batalhão da polícia voltou mais violento ao bar. A comunidade LGBT aguardava, ainda mais numerosa. Ocorreram novos embates e novas prisões. Isso se repetiu por várias noites seguidas. Lésbicas, gays e travestis, apesar das reiteradas humilhações, não arredaram pé. A batalha ganhou as páginas dos jornais e, por fim, a polícia entendeu o recado e não apareceu mais.

Quando o evento completou um ano, 10 mil pessoas se reuniram na frente do bar e saíram em marcha pela cidade. "Orgulho gay! Orgulho gay!", repetiam em coro. À medida que subiam a Sexta Avenida, outras pessoas aderiam ao grupo. A batalha de Stonewall foi o episódio fundador do movimento homossexual contemporâneo. A partir dela, a necessidade de organização da comunidade LGBT se irradiou para o mundo.

Importante registrar que viemos no rastro de outras manifestações da contracultura, principalmente do movimento feminista. Ao colocar em xeque a sociedade de dominação masculina, as mulheres nos prestaram uma enorme ajuda. Como elas, nós, LGBTs, também somos oprimidos e desertores do modelo patriarcal. Apesar de a palavra "homossexual" dizer respeito também a lésbicas, os grupos, no início, tinham hegemonia de homens gays. De certa forma, era uma reprodução da cultura masculina. Com o tempo, o movimento foi incluindo mulheres e todos que não se enquadravam nos rígidos moldes do sistema.

No Brasil, a primeira Parada oficial ocorreu apenas em 1995, 25 anos depois da de Nova York. O historiador brasilianista James Green, da Universidade de Brown, nos Estados Unidos, um dos fundadores do Somos — Grupo de Afirmação Homossexual — e um dos maiores estudiosos no assunto, explica que o regime militar sufocou o desenvolvimento do movimento de resistência LGBT, como aconteceu em outras partes do mundo.[5]

Em 1977, com o início da abertura política, criou-se uma nova noção de que era possível sair na rua, contestar e questionar o poder do Estado. Foi quando surgiu o primeiro jornal e movimento LGBT no país. Esse grupo levantou conceitos totalmente revolucionários, por exemplo contra a discriminação do trabalhador homossexual, algo impensável até então. Mas essas reivindicações não encontraram respaldo na esquerda. A maior parte dos militantes era preconceituosa e considerava a luta dos homossexuais um desvio da luta principal, que era o fim do capitalismo. De início, nem mesmo LGBTs apoiaram o projeto. O escritor João Silvério Trevisan contou uma história ilustrativa. No início de 1978, em um evento no Centro Acadêmico de Serviços Sociais da USP, lá pelas tantas, o escritor subiu ao palco para falar sobre as questões da comunidade LGBT. Foi massacrado e acusado de tentar dividir o movimento. Justamente ele, que estava lá para somar forças. Um dos que o aviltaram, inclusive, era um gay que costumava chorar as pitangas em seu ombro. O rapaz corria à sua casa aos prantos se recriminando toda vez que transava com um homem. Foi o que bastou. Trevisan, furioso, subiu em uma cadeira e avisou que não estava ali para levar ninguém nas costas. Fez, então, um apelo. Pediu para que todos os gays, lésbicas e transexuais presentes no recinto se manifestassem. Para sua surpresa, pouco a pouco, moços e moças foram levantando a mão e se unindo a ele. Emocionado, o escritor declarou: "Nós existimos, a nossa experiência é um fato. Não estamos inventando".[6]

Parece óbvio, só que não é. Pouco mais de um ano depois, o ex-presidente Luiz Inácio Lula da Silva — na época, um conhecido líder operário — afirmou categoricamente em uma entrevista ao jornal *Lampião da Esquina*: "Homossexualismo na classe operária? Não conheço".[7] Indignados, homossexuais que trabalhavam em fábricas enviaram cartas com cópias de seus RGs para provar que existiam.

No entanto, no dia 13 de junho de 1980 o movimento LGBT saiu do armário, de acordo com James Green. Naquele ano, a "operação de limpeza da cidade", chefiada pelo delegado José

Wilson Richetti, passou a perseguir, prender e espancar gays, lésbicas, travestis e prostitutas no centro de São Paulo. Em protesto, o Somos marcou um evento em frente ao Teatro Municipal. A despeito da chuva fina, o grupo marchou até o Largo do Arouche entoando palavras de ordem que eram uma corruptela do grito utilizado pela esquerda na época da ditadura: "Abaixo a repressão! Mais amor e mais tesão!".[8] Moradores de um prédio da rua Vieira de Carvalho foram à janela arremessar sacos de merda sobre eles.[9]

Um pouco antes, em fevereiro de 1980, tinha nascido o Grupo Gay da Bahia, o primeiro a conseguir registro em cartório. Tanto o grupo baiano como o paulista reivindicavam o reconhecimento de seus direitos.

A epidemia da aids nos anos 1980, no entanto, acertou em cheio a comunidade LGBT. A prioridade da luta passou a ser combater a doença. Green conta que a paúra era tamanha que muitos de seus amigos gays se casaram com mulheres na tentativa de evitar a contaminação. A epidemia de HIV/aids surgiu na era da globalização e se disseminou com velocidade impressionante. A Síndrome da Imunodeficiência Adquirida (Sida), como também é chamada, é causada pelo vírus HIV. Naqueles anos, contrair a doença era receber um atestado de óbito.

As primeiras vítimas foram os grupos postos à margem da sociedade: homens homossexuais, usuários de drogas injetáveis e prostitutas. A doença recebeu a pecha de "peste gay". Ao estigma de viado, somou-se o de aidético, como se as palavras fossem sinônimas. Inclusive, na época, um primo gostou da ideia e passou a me xingar de aidético! Os bastiões da moral e dos bons costumes apregoavam que a doença era castigo divino perpetrado contra os pervertidos. O doente apresentava rosto encovado, gordura nenhuma no corpo e morria em poucos meses. Devido à falta de conhecimento sobre o assunto, médicos e enfermeiros evitavam atender os pacientes que chegavam aos hospitais, com medo do contágio.

Enquanto a aids esteve circunscrita à comunidade LGBT, as autoridades pouco fizeram para contê-la. Ronald Reagan, presidente dos Estados Unidos de 1981 a 1989, só se pronunciou quando a doença fez sua primeira vítima heterossexual.

A política do Outing — sair do armário — teve início nos anos 1990 nos Estados Unidos, época em que a aids matava a torto e a direito. Vários parlamentares conservadores procuravam garotos de programa, mas continuavam contrários a políticas públicas de saúde para conter a epidemia. Por receio de se assumirem e com a autoestima em baixa, transformaram a vida dos homossexuais americanos num suplício.

No auge da epidemia, muitos gays se viram sozinhos com a morte do parceiro. Perdiam o amor de suas vidas e os bens materiais que haviam conquistado juntos. Não raro, a família do morto, a mesma que o havia renegado, surgia do nada para se apropriar de tudo o que possuíam.

A aids não brecou o movimento, ao contrário, impeliu a união do grupo e acirrou a consciência política da comunidade. Ativistas do mundo inteiro, sobretudo as mulheres lésbicas cujos amigos estavam sendo dizimados, passaram a cobrar políticas públicas. O governo brasileiro saiu à frente e se tornou referência no enfrentamento da epidemia.

Por volta de 1995, surgiram remédios mais eficazes, que tornaram o tratamento da aids semelhante ao de uma doença crônica. Hoje em dia, há táticas de contenção do vírus, como a Profilaxia Pré-Exposição (PrEP). Ela consiste em se tomar um comprimido diário que impede o vírus da aids de infectar o organismo antes de a pessoa ter contato com ele. A medicação passou a ser indicada para usuários de drogas injetáveis, profissionais do sexo e casais em que um dos parceiros é HIV positivo. É sempre bom lembrar que a terapia só tem efeito se a pessoa tomar o remédio todos os dias. Caso contrário, pode não haver concentração suficiente do medicamento na corrente sanguínea para bloquear o vírus. Os comprimidos também não protegem o organismo contra outras doenças sexualmente transmissíveis, como sífilis, clamídia e gonorreia, que só podem ser prevenidas com o uso de preservativos. Ainda não há cura para a aids, mas os pacientes podem levar uma vida normal. Fui professor convidado do Programa de Pós-Graduação em Infecção HIV-Aids e Hepatites Virais da Universidade Federal do Estado do Rio de Janeiro (UniRio), criado em 2013. Em minhas aulas, discorria sobre como as representações da doença foram se modificando ao longo dos anos e ajudaram a acabar com o estigma relacionado ao vírus. O termo pejorativo "aidético", por exemplo, foi substituído por "pessoa vivendo com HIV" ou "pessoa HIV positiva". A utilização apropriada da linguagem tem o poder de fortalecer a resposta à epidemia.

A curva de infecção está crescendo novamente.[10] Um dos motivos é o desaparecimento da aids do discurso público e a ausência de campanhas de prevenção. Ao barrar projetos de educação sexual nas escolas que espelhem a diversidade da vida real sob o argumento de que eles poderiam incentivar a homossexualidade, os políticos conservadores só contribuem para que a doença se propague.

Um dia, no Hospital Universitário Gaffrée e Guinle, onde dei as aulas do programa da UniRio, chegou um rapaz de dezenove anos infectado pelo HIV. Ao ser diagnosticado, ele disse que não tinha ideia do que era aids. As novas gerações, que não viram tanta gente definhar, talvez não entendam a dimensão da epidemia.

Eu tinha dezenove anos quando transei pela primeira vez com um homem. Era início dos anos 1990 e a palavra aids ainda causava calafrios. Imbuído de romantismo, dei meu telefone ao meu primeiro parceiro e aguardei que me ligasse. Nada, nem um sinal. Entrei em pânico. E se ele sumiu porque tinha aids? Mas eu usei camisinha, dizia a mim mesmo, tentando me acalmar. Mas e se o preservativo estourou e eu não percebi? Para vocês terem ideia do grau de paranoia, encontrei o número dele na lista telefônica e fui tirar satisfações:

— Por que você desapareceu? Você me transmitiu HIV? — inquiri ao telefone.

— O que é isso? Você está louco?

Morro de vergonha só de me lembrar do papelão que fiz.

Em 1995, depois de perder tantos amigos e companheiros para a aids, a comunidade LGBT se reencontrou no Rio de Janeiro para a convenção mundial da Associação Internacional de Gays e Lésbicas (Ilga, na sigla em inglês). No domingo de encerramento do evento, a bandeira com as cores do arco-íris voltou às ruas na primeira Parada LGBT em solo brasileiro. A organização providenciou e distribuiu máscaras de papel machê para incentivar a participação dos que temiam ser descobertos. Tomados pelo orgulho do grupo, as pessoas foram arrancando as máscaras à medida que caminhavam pelas ruas de Copacabana. Meu rosto, meu RG, para quem quiser ver. Foi um ato de afirmação importantíssimo.

No ano seguinte, o evento aconteceu também em São Paulo. Em uma sexta-feira fria e chuvosa, no feriado de Corpus Christi, cerca de quinhentas pessoas se reuniram na avenida Paulista e caminharam até a praça Roosevelt. Um carrinho fuleiro com megafone ficou atolado e não saiu do lugar. Não importava. Gays, lésbicas e travestis voltavam às ruas. A bandeira arco-íris, apesar de guardada no armário, não tinha o menor resquício de naftalina. Já a moral dos passantes, que os xingavam de viado, boiola, sapatão, continuava fedendo a mofo.

Hoje, a maior Parada do Orgulho LGBT do mundo é a da avenida Paulista. Infelizmente, temos um longo caminho pela frente, pois nem todos entendem a beleza desse evento. Em 2008, por conta de vários compromissos de trabalho, eu fiquei de fora do evento, permanecendo no Rio de Janeiro. Na hora do almoço, na mesa ao lado da minha, num restaurante da zona sul, cinco mulheres heterossexuais na faixa dos quarenta anos falavam de suas aventuras e desventuras amorosas. Não sei bem como, mas o papo chegou na Parada, que estava acontecendo naquele momento. Uma delas fez cara de nojo e disparou: "Se eu pudesse, jogaria uma bomba para matar todos de uma vez". Isso foi dito assim ao meu lado, ninguém me contou.

No ano seguinte, não faltei.

Fico radiante em ver LGBTs exibindo livremente seu afeto nas ruas de um país como o nosso, campeão mundial de violência cometida por homofobia. Mas noto que o evento vem perdendo seu caráter político reivindicatório para se contentar em ser um encontro festivo. As Paradas são também momentos privilegiados para cobrar nossos direitos. Nossa imensa voz coletiva pode ser usada para cantar, mas também para reivindicar igualdade. Somos milhões, e não somos fracos.

Flerte com a política

Depois que o BBB 5 terminou, retornei à Bahia apenas para resolver pendências e me despedir. Ninha, minha irmã, me abraçou. Não era segredo para ela o meu sonho de ter uma vida diferente. Ela sabia que se eu havia partido de Alagoinhas, partiria também de Salvador. Mudei de vez para o Rio de Janeiro e escolhi morar em Copacabana. O que me atrai no bairro é a mistura. Morro e asfalto. Ricos e pobres. Nativos e turistas. Putas e carolas. Velhos e jovens. Gays, lésbicas, trans e héteros.

Passei a trabalhar na Globo como roteirista e repórter especial do programa *Mais Você*, da Ana Maria Braga, além de apresentar o programa feminino *Amigas Invisíveis*, na rádio. Ao final de dois anos na emissora, comecei a ficar infeliz. Enquanto eu era apenas o gay boa-praça focado em entretenimento, tudo muito bom. À medida que comecei a me posicionar politicamente, a porca torceu o rabo. Derrubavam minhas matérias antes de irem ao ar. Decidi sair da TV e voltar para o mundo acadêmico. Mas, pelo sim pelo não, consultei o tarô antes de pedir as contas. As cartas reforçaram minha convicção de que era a coisa certa a se fazer.

Voltei a dar aulas em universidades — de 2007 a 2012, lecionei na Escola Superior de Propaganda e Marketing (ESPM) do Rio de Janeiro, depois fui para a Veiga de Almeida (nunca consegui "aposentar" minha veia de professor) – e retomei meu ativismo LGBT, passando a escrever para a *G Magazine*, revista destinada ao público gay. Mesmo longe da televisão, o culto à minha personalidade persistia. Eu não tinha sossego, era só comparecer a qualquer evento para ser imediatamente bombardeado por flashes de fotógrafos e perguntas de jornalistas: Qual salão de beleza você frequenta? Está namorando? Conta, quem é ele? Passei a fugir de entrevistas e programas na TV. Recusei-me até a participar de um encontro de vencedores do BBB 5 na Globo. Fui tachado de metido e antipático. A fim de passar incólume e não ser reconhecido nas ruas, raspei o cabelo e deixei a barba crescer.

Depois que saí do *Big Brother*, recebi três convites para entrar na política. O primeiro, em 2006, de Antônio Carlos Magalhães Neto, na época deputado federal pelo Democratas (DEM). Eu não partilhava de seus ideais nem gostava do seu partido, por isso declinei. Dois anos mais tarde, foi a vez de Aloizio Mercadante, na época senador pelo Partido dos Trabalhadores (PT). Participei de uma audiência pública no Senado sobre criminalização da homofobia e, encerrado o evento, Mercadante sugeriu que eu me filiasse a um partido. Argumentou que o impacto da minha defesa pelos direitos LGBTs seria maior. Recusei. Preferi continuar meu ativismo de forma independente.

O último e derradeiro convite foi feito por Heloísa Helena, então vereadora em Maceió e presidente do Partido Socialismo e Liberdade (PSOL), no início de 2009. É curioso, pois divergimos completamente na questão do aborto. A despeito das restrições que a legislação brasileira impõe à interrupção da gravidez, permitida apenas em casos de estupro, anencefalia e risco de morte para as mães, mulheres de todas as classes sociais do país recorrem ao procedimento de forma clandestina. Como diz o médico Drauzio Varella, na prática o "aborto já é livre no Brasil. Proibir é punir quem não tem dinheiro".[1] Mas Heloísa é intransigente. "Nem pendurada em pau de arara, com sangue saindo pelos ouvidos", mudaria de opinião, disse certa vez. Esse tipo de posição vem na contramão da nossa legenda e foi um dos motivos pelos quais Heloísa Helena acabou saindo do PSOL. Na época do convite, porém, o assunto não havia vindo à tona e aceitei.[2]

Sou um cara ligado ao oculto e, se três pessoas de diferentes partidos me convidaram a entrar para a política, é porque tinha um recado ali.

Parte 2

Na política

Estreia no Congresso

O PSOL foi criado em 2004 por dissidentes do PT desconten-tes com os rumos do governo Lula. A sigla, que significa Partido Socialismo e Liberdade, combina a defesa da justiça social com a liberdade civil, em sintonia, portanto, com os meus ideais. Embo-ra eu me identifique com a proposta do PSOL, isso não significa concordância em todos os pontos. Afinal, cada qual interpreta de sua maneira o legado marxista.

Tive uma formação marxista tradicional nos tempos da Pas-toral, mas não me defino assim — luto com Marx, sem Marx e às vezes contra Marx. Não gosto de reduzir nossas bandeiras à luta de classes ou repetir um discurso gasto. O marxismo não dá conta de uma série de questões contemporâneas, como as ambientais e identitárias, por exemplo. A esquerda do século XXI não pode defender o "proletariado" como um grupo abstrato. Existem muitos trabalhadores, eles têm cor, orientação sexual e gênero. Há trabalhador racista que trata mal seu colega negro. Há trabalhador homofóbico que expulsa o filho gay de casa. Há trabalhador machista que espanca a mulher. Vamos deixar os agredidos de lado e focar apenas na defesa do tal "proletaria-

77

do"? Todas essas lutas são importantes e podem ser travadas em conjunto.

Hoje o PSOL se diferencia das esquerdas justamente por ampliar o leque de suas pautas. Modéstia à parte, acho que contribuí para isso. Mas logo que cheguei ao partido, em 2009, fui considerado um corpo estranho. Partiam do pressuposto de que eu tinha brotado feito cogumelo no BBB. Nem se deram ao trabalho de perguntar sobre minha origem, militância ou formação acadêmica.

A esquerda se diz defensora dos pobres, mas se revela elitista e arrogante ao desprezar programas de televisão que as classes mais populares consomem. Vide o slogan cantado há décadas nas passeatas: "O povo não é bobo! Abaixo a Rede Globo!". Como professor de teoria da comunicação, sei que o fenômeno é complexo. A audiência não é uma tábula rasa que recebe de maneira igual e passiva o que vê na tela. Como explica o colombiano Jesús Martín-Barbero, um dos expoentes dos estudos culturais contemporâneos, toda recepção é culturalmente mediada. Trocando em miúdos, a história de vida, a classe social, a etnia, tudo isso influencia nessa equação. Segundo o autor, a novela cumpre o papel de perceber a realidade, retratar fatos cotidianos e situações com que a maioria das pessoas acaba por se identificar.[1] Tanto que a Globo não conseguiu impedir que Lula fosse eleito nos dois mandatos, a despeito de suas tentativas.

Também tenho críticas ao jornalismo partidário e muitas vezes intelectualmente desonesto que a Globo adota. Porém, a emissora não se restringe ao noticiário, e sua programação é mais ampla. O serviço que as novelas prestaram, e ainda prestam, ao processo civilizatório é imenso. Personagens gays, transexuais e lésbicas exibidos com empatia na televisão podem amenizar a dor de muita gente e levar aprendizado para quem se incomoda com o tema.

Em 2014, assim como meio mundo, eu grudei os olhos na tela da TV para assistir ao último capítulo da novela *Amor à Vida*.[2] O protagonista Félix era uma bicha maldosa e amarga. Para se enquadrar nas expectativas da família, casou-se e teve filhos. No decorrer da novela, apaixonou-se por um homem e passou da vergonha para o orgulho. Pela primeira vez um folhetim da Globo exibia um beijo entre dois homens.[3] Na cena final, o pai de Félix, que sempre o tratou feito lixo, estendeu a mão para o filho. Fiquei emocionado. A novela teve uma importância avassaladora, impossível de desprezar. Se, quando eu era menino, em Alagoinhas, tivesse assistido a algo assim, certamente não teria me sentido tão sozinho. Não vejo, portanto, os grandes meios de comunicação como vilões, mas como uma arena rica a ser disputada. Tanto que participei do BBB. Apresentei, de 2014 a 2017, *Cinema em Outras Cores*, no canal GNT, em que exibíamos filmes com temática LGBT. E sempre aceitei convites para participar de programas de auditório.

Algumas alas do partido foram contrárias à minha candidatura em 2010. Eu era um forasteiro e me sentia completamente isolado. Heloísa Helena bancou meu nome para a disputa. Angariou apoio das correntes mais sintonizadas com as camadas populares, justamente a fatia da população em que o programa alcançava maior audiência. Além disso, destacou Valeria Tatsch — dirigente de uma das correntes do partido e parte da diretoria da Fundação Rede Brasil Sustentável — para me orientar e auxiliar nos próximos passos.

No PSOL, não são aceitas doações empresariais. Porque, como diz o ditado, não existe almoço grátis. Em algum momento as empresas apresentam a conta. Minha campanha custou 20 mil reais. Eu coloquei a maior parte, 15 mil, e Valeria entrou com o restante.

O símbolo de minha campanha foi uma flor com as cores do arco-íris, marca registrada do movimento LGBT. Tomei a ideia emprestada de uma moça lésbica que conheci em um congresso. Ela estava com câncer e, para aguentar o tranco do tratamento, fazia broches. Assim que me candidatei, pedi a ela autorização para transformar suas flores em símbolo da minha campanha. Dois anos depois, ela faleceu.

Eu mesmo concebi as peças de propaganda. Tinha em casa caixas de lápis de cor e diferentes tipos de papéis. Às vezes, longe do turbilhão do Congresso, sentava no escritório e passava um tempo traçando linhas. Criei panfletos no formato de uma flor que se abria. Dentro, meu retrato e as propostas de mandato: defesa dos direitos humanos, com ênfase nas minorias estigmatizadas. Evitei qualquer menção ao *Big Brother*. As pessoas guardavam a flor, com dó de jogar fora.

Distribuí esse material entre os meus amigos, que fizeram o mesmo entre os seus, e assim por diante. Evitei fazer panfletagens nas ruas ou participar de comícios. Era logo reconhecido e o que deveria ser uma campanha virava apenas tietagem. Nesses casos, ninguém parecia muito interessado em discutir plataformas políticas, queriam mesmo era tirar fotos.

O PSOL dispunha de pouco tempo no horário dedicado à propaganda eleitoral na televisão. O espaço era reservado para Chico Alencar, um dos criadores do partido e o que tinha maior potencial de puxar votos para a legenda. No rádio, o tempo de propaganda era tão ínfimo que eu mal tinha chance de dizer meu nome. A estratégia foi ocupar as redes sociais, que estavam surgindo na época.

Até que um dia, Caetano Veloso anunciou que votaria em mim. Imagine minha surpresa. Caetano, baiano, músico das canções-temas de minha vida inteira, me apoiando! Quando eu poderia imaginar isso?

Com uma campanha praticamente invisível, obtive 13 018 votos e garanti uma vaga graças à soma dos votos obtidos pela legenda do partido. Nossa bancada conquistou apenas três cadeiras na Câmara dos Deputados. Éramos os três mosqueteiros. Chico Alencar e eu pelo Rio de Janeiro, e Ivan Valente por São Paulo. "O PSOL é um partido pequeno, mas com vocação de grandeza", costuma dizer Chico.

Logo que fui eleito, participei de um evento na Assembleia Legislativa do Rio de Janeiro, a Alerj, que no passado foi sede da Câmara. Presidentes importantes do período tinham discursado na varanda do salão nobre para o povo aglomerado nas escadarias. Eu estava entre duas figuras do PSOL que admirava um bocado. Marcelo Freixo, na ocasião em seu segundo mandato como deputado estadual, e Chico Alencar. Chico, inclusive, era um dos autores de um livro que usei no colégio interno. O título era *História da sociedade brasileira*, mas a gente o chamava pelo nome, como se fosse um dicionário: "Você está com o Alencar?", "Quem pegou o Alencar?", "Devolve o Alencar!", "Não amassa o Alencar!".

Voltando ao evento na Alerj, enquanto o fotógrafo preparava a luz para registrar o momento, passou um filme em minha cabeça: "Quão inusitada é a minha vida, quanto ainda será?".

A cerimônia de posse em Brasília foi um martírio. O assédio da mídia e dos convidados me deu vontade de desaparecer. Fui colocado ao lado das celebridades, como o ex-jogador Romário, eleito pelo Partido Socialista Brasileiro (PSB) e hoje senador pelo Podemos, e o palhaço Tiririca, do Partido da República (PR). Em sua campanha, o bufão fazia troça. Dizia não ter a menor ideia do que faz um deputado federal. "Vote em mim que eu te conto", prometia.

Apenas dois de meus irmãos, Ninha e George, puderam comparecer. Recém-chegado ao Distrito Federal, eu vivia na casa de amigos ou num hotel, não havia me instalado ainda. Parentes de outros deputados se acotovelavam para tirar fotos ao meu lado, o ex-BBB. A imprensa queria saber como eu planejava decorar meu gabinete. Estavam pouco se lixando para a minha plataforma política. Apostaram que eu seria como Clodovil Hernandes, o estilista que se elegeu deputado por São Paulo em 2006, pelo Partido Trabalhista Cristão (PTC). Ele morreu em 2009, e que Deus e os Orixás o protejam. Gay assumido, celebridade na mídia e exótico no jeito de vestir, Clodovil nunca empunhou a bandeira da comunidade como político, pelo contrário.

Ainda menino, em Alagoinhas, eu assistia ao *TV Mulher*, no qual Clodovil apresentava um quadro. Como o programa passava antes dos desenhos animados, eu acabava pegando um trecho. O apresentador criava modelos de vestidos de noiva com traços rápidos e diversas canetas coloridas. Eu tentava imitá-lo, desenhando heróis e peças de roupas para minhas tias. Mas perdi o elã assim que me chamaram de Clodovil em tom de chacota. Ali estava mais uma variante para a coleção de palavras usadas para me humilhar.

Conheci Clodovil pessoalmente anos depois, logo que me mudei para o Rio de Janeiro. Ele estava em cartaz com um espetáculo em que aparecia de terno, salto alto e cinta-liga. Mas, como tinha acabado de ser eleito deputado, achou de bom-tom se vestir de modo mais discreto e apropriado para sua nova função.

Clodovil acreditava que sua popularidade na TV lotaria as mais de quinhentas poltronas do teatro, mas éramos apenas oito pessoas na plateia. O artista não se amuou. Sentou-se ao piano de cauda branca e se apresentou com esmero, como se a casa estivesse apinhada. Foi emocionante. Ao final, fomos ao camarim cumprimentá-lo e meus amigos nos apresentaram.

— Gostou? — ele quis saber, tirando a maquiagem do rosto com um algodão.

— Muito, mesmo. Parabéns — respondi. E, com sinceridade, acrescentei: — Mas deixe te dizer uma coisa, Clodovil. Você cometeu um erro na letra da canção "Brigas", de Evaldo Gouveia, o que muda completamente o sentido.

Senti as unhas de meu amigo cravarem nas minhas costas.

— Você é louco? Clodovil vai acabar com você — avisou, em um sussurro.

Era notória a crueldade do apresentador, assim como seu humor ácido. Costumava emendar um comentário sarcástico atrás do outro e não poupava ninguém com sua língua ferina. O fato de ter sido abandonado ainda criança deixou-lhe uma marca eterna. Sua maneira de se proteger era atacar. Para surpresa de todos, o apresentador reagiu bem ao meu comentário.

— Gostei de você — disse.

A partir de então nos tornamos amigos. Lembro de ele me ligar em um Natal para desejar felicidades. Estava sozinho em sua casa.

A última vez que o vi foi num encontro ao acaso, nos Jardins, em São Paulo. Eu estava prestes a entrar em um táxi, quando alguém gritou meu nome. Barba por fazer, o cabelo todo branco, o estilista estava sentado solitário à mesa de um café. Prometemos nos procurar, acenamos e logo entrei no carro, que me aguardava. Pouco depois, aos 71 anos, Clodovil morreu em decorrência de um acidente vascular cerebral (AVC).

Cheguei a conversar com ele sobre meu desejo de escrever sua biografia. É inegável a importância de Clodovil para nós, LGBTs. Numa época em que éramos invisíveis, muito antes da aparição de tantos artistas de sucesso, ele estava em rede nacional nos dando voz. Pena que limitado a estereótipos. Nós dois acabamos no Parlamento, com posturas completamente opostas. Ele era contra a união entre homossexuais e considerava as paradas

LGBT uma grandessíssima "indecência". Em Brasília, primou por dar declarações infames. Certa feita, ao entrevistar a presidenta Dilma Rousseff, na época ministra da Casa Civil, o deputado afirmou: "Hoje em dia as mulheres trabalham deitadas e descansam em pé". Lastimável.

Clodovil não incomodava o Congresso. Era uma espécie de bicha de estimação, aceita como são as outras bichas que prestam serviço inestimável ao cuidar das madeixas das esposas dos parlamentares. Um dos feitos mais notórios de seu mandato foi ter customizado seu gabinete de forma impecável — como a extravagante serpente de cobre usada como pé de mesa, que batizara de Marta, em homenagem à ex-prefeita de São Paulo e ex-senadora Marta Suplicy, que fora sua colega no *TV Mulher* e com quem tinha rusgas frequentes.

Muito antes de minha chegada à Câmara, Marta Suplicy já defendia os direitos da comunidade LGBT. Deputada federal entre 1995 e 1998, foi autora de projetos de lei como o que estabelecia o registro da parceria civil entre pessoas do mesmo sexo ou a obrigatoriedade da uma cota mínima para mulheres nas candidaturas políticas. Recebeu, inclusive, o apelido de Nossa Senhora das Bichas. Mas sua figura não provocava tanta ojeriza entre os parlamentares. Marta é simpatizante, não lésbica. Para eles, ela era a sexóloga branca e rica que estendia a mão aos párias. Em 2018, Marta decidiu não concorrer a nenhum cargo político, declarando que atuaria em prol das pautas que considerava prioritárias bem longe do ambiente parlamentar.[4]

No meu caso, a defesa das minorias estigmatizadas não era só uma pauta política. Era minha vida que estava em jogo. E isso mudava tudo. Curioso pensar que estou longe do Brasil agora e abandonei a arena da política parlamentar pelo mesmo motivo: é minha vida que está em jogo.

* * *

A chegada ao Congresso de uma bicha nordestina e parda, vinda da pobreza e com estofo intelectual, foi vista como uma afronta. Preconceitos arraigados vieram à tona. A confraria de homens brancos, ricos e heterossexuais me elegeu como alvo preferencial. Atacavam não apenas minhas ideias, mas também a mim. No Congresso, o protocolo é vestir terno e gravata. Até então, eu só havia me trajado assim para a formatura de meu irmão George como oficial da Polícia Militar. A verdade é que considero essa vestimenta cafona e inadequada para nosso clima, típica da elite brasileira. Sempre que possível, quebrava a rigidez usando suspensórios, meias coloridas ou calça e paletó de conjuntos diferentes. Mas o terno é fichinha perto da armadura que eu era compelido a trajar para me defender dos ataques constantes.

Jair Messias Bolsonaro, militar da reserva que há três décadas atua na política e hoje é presidente do Brasil, sempre manifestou de modo explícito seu desagrado com a minha presença. Logo o capitão arregimentou soldados para lhe fazer claque — todos pertencentes à bancada BBB, que nada tem a ver com o *Big Brother*. O termo pejorativo é usado para se referir às bancadas do Boi, identificadas com os interesses dos ruralistas; da Bala, os que acham que a questão da segurança pública deve ser resolvida matando bandidos a torto e a direito e colocando todo mundo na cadeia; e da Bíblia, que faz uma leitura fundamentalista dos livros sagrados com o intuito de disseminar o ódio. Os três grupos formam muitas vezes um bloco único e exercem forte pressão no Congresso para emplacar as pautas mais conservadoras, na contramão dos direitos humanos e das minorias. Essa tropa me considerava uma espécie de encarnação do capeta. Para fugir da pecha de celebridade oca e bicha excêntrica, meti o pé na porta. Ou, para usar uma expressão cara aos machistas, botei o pau na mesa. Ou fazia isso ou seria engolido.[5]

Segundo pesquisas, 10% da população se autodeclara LGBT. Como muitos preferem manter em segredo sua opção sexual, esse número — apesar de "oficial" — provavelmente está subestimado.[6] Nos Estados Unidos, por exemplo, os congressistas gays foram arrancados do armário à força. No documentário *Outrage* [Ultraje], de 2009, o cineasta norte-americano Kirby Dick revela que vários parlamentares que sistematicamente votavam contra os direitos dos LGBTs eram gays às escondidas. Para não dar pinta da própria homossexualidade, eram os mais radicais.

Muita gente me perguntava se eu era mesmo o único gay do Congresso brasileiro. Único "assumido", veja bem. Prefiro não fazer inferências sobre a sexualidade dos outros. Respeito o tempo de armário de cada um e não quero que ninguém se assuma na marra. Mas minha presença na Casa acabou tendo um efeito curioso. Um dia, na porta do Congresso, aguardando um carro me buscar, um policial da Casa se aproximou. Buscava as palavras meio sem jeito, até que tomou coragem:

— Deputado, admiro muito sua coragem — ele começou. — Sabe... Quero dizer que... Bem, é que sou assim... Como explicar? Sou diferente dos outros. Sou gay. Mas prefiro manter sigilo para me preservar, entende?

Assim que o policial arrematou, voltou à posição de alerta. Sob a farda, o fardo do segredo.

Flávio Elias era assessor direto da mesa diretora da Casa. Funcionário concursado e meu amigo de longa data, trabalhou durante dezesseis anos sob a ideologia do presidente de plantão. Seguia à risca a política do "*don't ask, don't tell*" [não pergunte, não conte], que os militares americanos adotaram nos anos 1990, quando proibiam gays assumidos de servir nas Forças Armadas, liberando apenas os que mantivessem discrição sobre suas preferências. Com a minha chegada, Flávio se cansou desse teatro hipócrita. Ficou inviável continuar compactuando com tipos preconceituosos e desrespeitadores. Abriu o jogo sobre sua homossexualidade e passou a integrar a equipe do PSOL.

Eliana Navarro, funcionária do departamento de comunicação da Casa, me contou uma vez o que aconteceu numa reunião. Às tantas, um dos presentes comentou: "Tudo bem ser gay. Mas gente, vem cá! Precisa mostrar para todo mundo?". Eliana não se conteve. Indignada com o preconceito explícito, e para espanto de todos, revelou o que ninguém ali imaginava: "Quer saber de uma coisa? Sou gay, gosto de mulher! Algum problema?".

Saí do armário aos dezesseis anos, era deputado federal LGBT assumido, e mesmo assim os insultos persistiam. A todo instante eu era instado a escolher entre o que a sociedade esperava de mim e o que sou de fato.

— Ah, que honra conduzir em meu carro um deputado honesto como você — exclamou outro dia um motorista de táxi, assim que entrei no carro.

Acelerou e continuou a conversa, agradecendo a minha posição em defesa da regulamentação dos aplicativos de transporte urbano. O sinal ficou vermelho. Dois gays efeminados atravessaram a rua, conversando alto, gesticulando e rindo.

— Precisa dessa viadagem toda? — inquiriu o motorista, buscando meu olhar de cumplicidade pelo retrovisor.

Era como se aquele homem tivesse esquecido que eu sou gay. Eu poderia ter ficado calado, mas fui instado a sair do armário mais uma vez.

— Senhor, quero lembrá-lo de que sou gay. Os gays não são obrigados a ser iguais uns aos outros.

— Desculpa aí, não quis ofender, deputado. Mas acho que tem que respeitar.

— Mas de que maneira a alegria deles desrespeita o senhor?

Cenas como essa são frequentes, ainda mais no Congresso. Em 2015, o deputado João Rodrigues (PSD-SC) referiu-se a mim nos seguintes termos:

— Isso não é deputado. É a escória da política deste país.

Pedi a palavra e revidei na hora:

— Não tenho medo de coronéis. Os tempos mudaram. Você e todos os fascistas desta Casa vão ter que me engolir. Sou homossexual assumido, sim. Se acostumem com isso.[7]

Esse mesmo deputado já havia sido flagrado assistindo a um vídeo pornô no celular em plena sessão plenária,[8] além de ter sido preso posteriormente por fraude, em fevereiro de 2018.

Somos instados a sair desse lugar de lixo em que nos colocam o tempo todo. É um movimento sem trégua, como se aparecesse alguém querendo me afogar sempre que eu tiro a cabeça da água para respirar.

Assim que cheguei ao Congresso, avisei que queria uma cadeira na Comissão de Finanças e Tributação, formada majoritariamente por homens brancos oriundos da elite econômica, para quem esse tipo de assunto não é para gays. Não havia uma única mulher, tampouco homens negros. Eu era o estranho no ninho.

Durante todo o meu primeiro mandato, usei na lapela do paletó um broche com as cores do arco-íris. Era uma maneira de afirmar que eu estava ali para defender a comunidade à qual tenho orgulho de pertencer. Sou gay assumido e essa é minha agenda. Mas não só.

Sempre articulei a essa luta outras causas. A política do século XXI não pode se restringir somente a uma categoria. Afinal, como diz o sociólogo francês Pierre Bourdieu, as diversas posições que o sujeito ocupa, a classe social, o gênero, a cor da pele, podem ampliar ou reduzir sua miséria. Lembram do meu amigo Geni, de Alagoinhas? Nós dois somos gays, mas o fato de ele ser negro o colocava em desvantagem maior. Os negros no Brasil são muito mais discriminados, basta observar, por exemplo, como são visados em batidas policiais. O mesmo ocorre ao comparar uma lésbica pobre e outra rica. As mazelas da primeira provavelmente serão mais severas. Sou gay, mas vim da pobreza, sei do que estou falando. As múltiplas posições como sujeito devem ser levadas em conta.

Por uma questão de compromisso, tenho como regra não falar nada da boca para fora. Basta observar a equipe de meu mandato. Ela contemplava minorias estigmatizadas e refletia minhas múltiplas lutas. Eu conheci Alessandra Ramos, por exemplo, durante a discussão do projeto de lei "Gabriela Leite", que apresentei em 2012 para regulamentar o trabalho de profissionais do sexo, um dos ofícios mais antigos e estigmatizados do mundo. O nome do projeto é uma homenagem à principal ativista dos direitos das prostitutas, criadora da grife de roupas Daspu, corruptela para Das Putas, que fazia questão de ser chamada de puta, para esvaziar o estigma. Conheci Gabriela na época da minha campanha e prometi que vocalizaria seu projeto. O projeto de lei (PL) foi redigido em conjunto com a própria Gabriela e com a Rede Brasileira de Prostitutas. Há profissionais do sexo oferecendo seus serviços dentro da Casa, e os parlamentares bastiões "da família e dos bons costumes" são, em geral, os fregueses mais assíduos. Não admitem que tenham direitos, mas não abrem mão de seu trabalho.

Em determinado momento do debate, em meio à grita de uma feminista contrária à lei, Alexandra, na plateia, levantou-se, alta, negra e linda, e disse:

— Boa tarde para todos e todas. Quero dizer que trabalhei como prostituta, fiz faculdade e hoje sou intérprete de libras, a língua de sinais usada pela maioria dos surdos. Meu leque de opções não era vasto. Mesmo assim, escolhi ser prostituta em vez de doméstica e humilhada por meu patrão. Vocês não podem imaginar como é a realidade para nós, prostitutas negras e trans!

Surpresa com o fato de aquela mulher linda ser transexual, a plateia subitamente aquietou. Como parte de minha equipe, Alessandra trabalhava pelos direitos da população trans e, por ser intérprete de libras, também auxiliava na ponte com a comunidade deficiente auditiva.[9]

Outro dos meus assessores, Enivon Milton Nunes, o Roni, trabalhava como vigilante. Morava em uma casa paupérrima, como aquelas em que vivi em Alagoinhas. Um dia fui até lá e conheci seu filho, que tem uma doença genética rara. Roni passou a fazer parte de nosso gabinete, que batalhava por uma política nacional para doenças raras no âmbito do Sistema Único de Saúde (SUS).[10]

Conheci Mira Floriano quando me mudei para o Rio de Janeiro. Bibliotecária, negra, trabalhava na TV Educativa, a TVE. Quando soube que eu iria até lá para uma entrevista, apareceu com um presente que havia confeccionado de próprio punho: um álbum com todas as matérias publicadas sobre mim no período em que estive no Big Brother. Mira também é filha de pais semia-nalfabetos, estudou a vida inteira em escolas públicas e entrou na universidade com muito esforço. Emocionei-me com seu gesto. Como não teve filhos, dedicou a mim seu instinto materno, e por isso a chamo de Mamma. Mira é ativista do movimento negro, da cultura e das religiões de matriz africana, e fazia a ponte entre meu mandato e esses grupos.

Minha equipe refletia minhas inúmeras lutas: tinha mulheres e homens cisgêneros (quem se identifica com o sexo que lhe foi atribuído ao nascer), transexuais, heterossexuais, gays, lésbicas, negros, brancos, velhos, jovens, migrantes, cristãos, judeus, ateus, advindos de diferentes profissões, militantes de diversos movimentos e causas sociais.

Mesmo assim, fui tratado pelos colegas da Casa como deputado de uma causa só, como se eu só me preocupasse com os LGBTs e não cuidasse dos interesses do povo que havia me elegido. Sabe-se lá o que queriam dizer com essa entidade que chamavam de "povo". Mas certamente excluíram nós, LGBTs, da conta. Era como se os outros 512 parlamentares lutassem "pelo povo", e eu, "contra o povo".

Esse tipo de acusação, além de nos colocar como párias, é uma cilada. O desafio era não negar a bandeira LGBT — pois, ao fazer isso, eu estaria silenciando uma voz que de fato representava — e, ao mesmo tempo, não me restringir a ela. A maior parte dos votos que recebi no primeiro mandato não veio da comunidade à qual pertenço. Parece estranho, né? Mas explico. Existe um mecanismo curioso. A baixa autoestima faz com que muitos repudiemos nossos semelhantes, desprezando aqueles que são como nós, sejam políticos ou artistas. O mesmo acontece com mulheres que reproduzem o machismo, ou negros que incorporaram o discurso racista.

Logo de cara, no início de 2011, um dos assuntos que causou um arranca-rabo no Congresso foi o material anti-homofobia preparado pelo Ministério da Educação (MEC), que deveria ser distribuído nas escolas públicas. A campanha era composta por três vídeos e um guia de orientação para os professores e tinha o objetivo de combater a discriminação e o preconceito contra determinados grupos sociais, estimulando a tolerância. Foi pensado após uma série de estudos constatarem que as escolas do país são hostis a adolescentes gays, lésbicas e trans.[11] A mera suspeita de tendência homossexual expõe o aluno a toda sorte de violência, física e verbal. Assim, o homossexual passa a ser isolado, ninguém quer andar ao seu lado para não ser taxado.

Certo dia, fui almoçar com um amigo heterossexual. Um colega de trabalho dele apareceu e me olhou de soslaio, como quem flagra um casal namorando escondido. Dias depois, meu amigo revelou, meio sem jeito, que preferia evitar ir sozinho comigo a restaurantes para não ser alvo de chacota. Se para um adulto é difícil ser submetido cotidianamente a humilhações e situações como essa, imagine para crianças e adolescentes.

Na escola, há colegas que vão mais longe e, além de nos abandonar, passam a engrossar o coro dos que nos agridem para provar que são broncos. Nem mesmo os mestres nos apoiam. Pelo contrário, muitos transformam as vítimas em rés. Já ouvi frases como: "Culpa sua, quem manda desenhar no caderno?" ou "Você facilita, tome jeito de homem que param de te bater". Para evitar o bullying, muitos adolescentes homossexuais abandonam a escola. No caso dos transgêneros, para quem o ambiente é ainda mais hostil, chega a ser quase um milagre que terminem o ensino médio. Foi assim com a jovem transexual Rafaella Coelho, que largou os estudos aos dezesseis anos. "A escola nunca me deu nenhum tipo de proteção", contou. "Chegou uma hora em que estava insuportável. Tinha menino que falava que ia cortar meu cabelo, que ia me bater, que me xingava de viadinho. Até que chegou ao ponto em que eu reprovei, meio que propositaclmente, porque eu não me imaginava passando por aquilo tudo mais um ano".[12]

A despeito dos benefícios da iniciativa do Ministério da Educação, parlamentares das bancadas BBB prontamente se opuseram ao "kit gay", como Bolsonaro pejorativamente batizou o material. O capitão — que já tinha declarado em uma entrevista à revista *Playboy* preferir "que um filho meu morra num acidente do que apareça com um bigodudo por aí" e que "ter filho gay é falta de porrada"[13] — taxou o material de pornográfico e disse que a intenção do governo era estimular "o homossexualismo e a promiscuidade".

O projeto para combater a homofobia nas escolas foi concebido muito antes de minha chegada à Casa. Como eu era o único deputado gay assumido, a bancada conservadora me associou de imediato a ele. Saí em defesa do material, até porque sei por experiência própria como os colegas de escola podem ser cruéis. Se esses parlamentares tivessem tido a chance de serem educados desde pequenos com mensagens contra a homofobia, talvez não se comportassem de maneira tão vil.

As estratégias para vetar o material foram ardilosas. O Ministério da Saúde havia preparado uma campanha de prevenção de HIV destinada a travestis e usuários de drogas. Os conservadores da Casa apresentaram essas cartilhas — que ensinavam como usar camisinha e fazer sexo seguro — como se fosse o kit que seria distribuído para crianças a partir de cinco anos. Era mentira. O material preparado pelo MEC não continha nada daquilo e seria destinado apenas para professores e adolescentes a partir de onze anos.

Anthony Garotinho (PR-RJ) — deputado na época — usou de chantagem: caso o governo não suspendesse o kit, toda sua tropa convocaria o então ministro-chefe da Casa Civil, Antônio

Palocci, para esclarecer as acusações sobre a multiplicação do seu patrimônio, que tinham vindo a público. Recém-eleita e ainda insegura, Dilma Rousseff cedeu às pressões de deputados e senadores fundamentalistas cristãos que compunham a base de seu governo e enterrou o projeto. Chegou a dar uma declaração lamentável para agradá-los, dizendo que seu governo "não fará propaganda de opção sexual".[14]

O material já estava pronto e custara cerca de 1,9 milhão de reais, dinheiro público jogado fora. Deve estar chafurdando nos porões do Ministério da Educação, sendo devorado por traças, enquanto jovens continuam sofrendo toda sorte de violência nas barbas da sociedade.

A bancada conservadora se animou com a vitória e passou a impedir o desenvolvimento de políticas voltadas à proteção e ao aumento da estima da comunidade LGBT. Entenderam que era estratégico garantir alguns assentos para barrar as pautas do "capeta", que atentavam contra a "família".

Em 2013, Marco Feliciano (PSC-SP) conquistou a presidência da Comissão de Direitos Humanos e Minorias (CDHM) da Câmara, cargo ocupado historicamente por partidos progressistas. Pastor da Assembleia de Deus, Feliciano era, na época, objeto de dois processos no Supremo Tribunal Federal (STF): um inquérito que o acusava de homofobia e uma ação penal de 2009 na qual era denunciado por estelionato. Ambos não deram em nada, segundo entendimento do STF.[15] Ainda assim, o pastor prima por atitudes nada cristãs: afirmou que "africanos descendem de ancestral amaldiçoado por Noé";[16] pregou, durante um culto, que "Jesus não foi feito para ser enfeite de pescoço de homossexual, nem de pederasta, nem de lésbica";[17] e tuitou que "a aids é o câncer gay".[18] Além disso, usava de expediente deplorável para cobrar o dízimo dos desvalidos, como este, registrado em vídeo por um fiel e divulgado nas redes sociais: "É a última vez que eu falo. Samuel de Souza doou o cartão, mas não doou a senha. Aí não vale. Depois vai pedir o milagre pra Deus, Deus não vai dar, e aí vai falar que Deus é ruim".[19] Graças a Feliciano, veio à tona um discurso fundamentalista que corria no subterrâneo. A bancada BBB começou a se sentir dona do pedaço.

Os conceitos abarcados pelos direitos humanos estão presentes na *Declaração de independência dos Estados Unidos*, de 1776, e na Revolução Francesa, ocorrida em 1789. Ao persistir na busca pela origem desses direitos, chegaremos à regra de ouro do Oriente, que, segundo Paulo Coelho, é: não farei ao meu próximo aquilo que não desejo que ele faça comigo.[20]

Em 10 de dezembro de 1948, após a experiência medonha da Segunda Guerra Mundial, a jovem Organização das Nações Unidas (ONU) — então composta por 58 Estados-membros, entre eles o Brasil — instituiu a *Declaração universal dos direitos humanos*. No documento, estão listados os direitos básicos para a promoção de uma vida digna para todos, independentemente de nacionalidade, cor, sexo e orientação sexual, política e religiosa. É um marco normativo que visa garantir que o mundo seja um lugar melhor.[21]

Criada em 1995, a Comissão de Direitos Humanos e Minorias da Câmara (CDHM) sempre teve como prerrogativa garantir espaço no processo legislativo para grupos excluídos ou pouco representados politicamente. As mulheres, que foram pioneiras ao conquistar o direito ao voto, ainda estão na briga. Somente em março de 2018 a Câmara aprovou uma proposta que torna crime a importunação sexual — certamente por conta das centenas de casos de homens se masturbando e ejaculando em mulheres no transporte público —, sancionada em setembro do mesmo ano, que prevê pena de um a cinco anos para quem pratica assédio. A verdade é que até pouco tempo não havia para as mulheres nem sequer proteção contra seus maridos, que podiam assassiná-las e se livrar de punição sob a alegação de "defesa da honra" ou algo que o valha. A entrada de Feliciano na presidência da CDHM em 2013 foi um retrocesso. As mulheres foram um dos primeiros grupos a ser atacado. O pastor criticou publicamente as reivindicações do movimento: "Quando você estimula uma mulher a ter os mesmos direitos do homem, ela querendo trabalhar, a sua parcela como mãe começa a ficar anulada", disse. "Eu vejo uma maneira sutil de atingir a família [...], cria-se uma sociedade onde só tem homossexuais, você vê que essa sociedade tende a desaparecer porque ela não gera filhos."[22]

Me pergunto onde esse homem vive. As mulheres pobres do nosso país sustentam sua prole com a força de seu trabalho há séculos! Hoje, infelizmente, os maiores inimigos dos direitos humanos se encontram entre quem se diz cristão. Muitos políticos brasileiros que são também líderes religiosos parecem ter esquecido um dos ensinamentos básicos de Jesus: amar o próximo como a si mesmo.

Os fundamentalistas tomaram a comissão e desvirtuaram seus objetivos, declarando "direitos humanos para humanos direitos". E quem seriam os "humanos direitos"? Quem se enquadra nas normas comportamentais da família tradicional. Dos dezoito titulares da CDHM, treze integravam a Frente Parlamentar Evangélica, e a maioria absoluta era formada por pastores.

Tanto manifestantes contrários às mudanças na comissão como aqueles entusiasmados com os novos rumos passaram a acompanhar as sessões. Havia gente rezando, com o terço entre os dedos, mandando afastar Satanás. Outros portavam cartazes com frases como: "Fora inFeliciano. Meu amor vence o seu ódio".

Sem a presidência e em minoria, nós, os deputados progressistas, ficamos de mãos atadas. Permanecer na CDHM era legitimar aquela imoralidade. Para esvaziar o poder de Feliciano, lançamos a Frente Parlamentar em Defesa dos Direitos Humanos. Era uma espécie de comissão paralela cuja agenda, de fato, contemplava as minorias. Ato contínuo, organizamos o movimento "Fora Feliciano", que começou espontaneamente nas redes sociais e logo ganhou as ruas. Protestos se espalharam por todo o país, incluindo o de evangélicos, que também se posicionaram contra o pastor. Exemplos como o da produtora cultural Beatriz Pimentel, que declarou: "Sou evangélica, da Primeira Igreja Batista do Recreio, e não me sinto representada pelo Feliciano, nem pelo Silas Malafaia, nem por muitos outros desses pastores midiáticos",[23] não foram isolados. Pessoas dos mais variados segmentos carregavam faixas com os dizeres "Feliciano não me representa" e cantavam em coro slogans como: "A nossa luta é todo dia contra machismo, racismo e homofobia!", "Não acredito em um Deus que exclui" ou "Congresso Nacional não é Igreja Universal".

Era possível sentir nas ruas o espírito das jornadas de junho, prestes a explodir.

Enquanto isso, no Congresso, a homofobia institucional seguia à toda prova. Além de impedir o andamento de políticas públicas voltadas para a comunidade LGBT, a tropa na CDHM passou a propor projetos absurdos. Um deles parecia piada e criminalizava a "heterofobia", ou seja, a discriminação contra heterossexuais. O projeto de lei de Eduardo Cunha (PL nº 7382/2010), que era mais um ato provocativo ou de deboche, previa até mesmo pena de reclusão para quem adotasse "condutas heterofóbicas". Outro projeto incentivava a chamada "cura gay". De autoria do deputado

João Campos (PSDB-GO), visava permitir que psicólogos oferecessem tratamento para a homossexualidade.[24]

A Associação Americana de Psiquiatria tirou a homossexualidade da sua lista de doenças em 1973. A Organização Mundial de Saúde fez o mesmo em 1990, e o Conselho Regional de Psicologia condena tratamento de cura de gays e lésbicas desde 1999. De acordo com a legislação brasileira, o Conselho tem autonomia para definir os princípios que os psicólogos devem seguir, e o Congresso não pode interferir nisso. Mesmo assim, Feliciano e seus aliados conseguiram fazer o projeto avançar.

A despeito das evidências científicas sobre o tema, Feliciano articulou uma audiência pública na Câmara para ouvir "ex-gays". Em sua página no Facebook, o deputado-pastor postou vídeos com depoimentos de pessoas que "deixaram a homossexualidade", segundo ele, após conversão religiosa. Foi assim com Talita Oliveira, que contou sua história de "superação" em programas de televisão e em eventos, muitas vezes com Feliciano a seu lado. Travesti desde a adolescência, Talita entrou para a Assembleia de Deus e voltou a ser Thiago. Cortou as madeixas, aposentou as roupas e próteses dos seios e passou a militar pela "cura gay". Mas o tal milagre expirou em 2016. Thiago voltou a ser Talita e desabafou em suas redes sociais: "Dei um basta em tanta mentira e falsidade. Cansei de ser usado por pessoas como ele [Feliciano], que desejavam ter somente um estandarte 'ex-gay' para uma causa a qual ele nem mesmo compreende".[25] Igrejas passaram a ofertar rituais de exorcismo para afastar o "demônio gay" do corpo de seus fiéis. Ainda que os modos de comportamento ditos femininos ou masculinos sejam uma construção, a Igreja considera a voz fina de alguns homens gays ou os modos masculinos de mulheres lésbicas obras de Satanás.

Conseguimos derrubar o projeto em plenário, e a Câmara o arquivou em meados de 2013. Eu sinceramente preferia ter votado, gostaria de ver o texto derrotado no plenário, para que fosse jogado no lixo da história. Feliciano fez uma provocação ao receber a notícia: "Na próxima legislatura, a bancada evangélica vem dobrada, e a gente vem com força total". Ele não estava para brincadeira.[26]

A discussão sobre a cura gay voltou em 2017, quando um juiz federal do Distrito Federal concedeu uma liminar autorizando psicólogos a estudar e a oferecer tratamento de reorientação sexual. A decisão, de caráter provisório, atendeu a uma ação movida contra o Conselho Federal de Psicologia (CFP) pela psicóloga Rozangela Justino, que trabalhava no gabinete do deputado Sóstenes Cavalcante (DEM-RJ), da bancada evangélica. O parlamentar estava alinhado com o líder da Assembleia de Deus Vitória em Cristo, o pastor Silas Malafaia.

Quando soube da decisão do juiz brasileiro, o americano Mathew Shurka, que milita contra terapias de reversão ao redor do mundo, veio ao país e me procurou para discutir o assunto. A saga de Mathew daria um filme de terror. Aos dezesseis anos, decidiu contar ao pai que era gay, iniciando um calvário que duraria cinco anos. Mathew se submeteu a quatro terapeutas diferentes, passou por um acampamento de conversão, foi obrigado a tomar a medicação Viagra para ajudar no desejo por mulheres, entrou em depressão, engordou trinta quilos e pensou em se suicidar.

Os psicólogos o convenceram de que a causa de sua suposta falta de masculinidade vinha da relação com a mãe. Esse tipo de tratamento parte do pressuposto de que há um trauma causador da homossexualidade. É a mesma lógica que infere que uma mulher estuprada pode se tornar lésbica — uma bobagem sem tamanho. No caso de Mathew, concluíram que, para sanar o mal pela raiz, o melhor era que ele se separasse definitivamente da figura materna. O jovem anuiu e passou a fugir da mãe.

Após anos de tratamento desumano, Mathew se apaixonou por um jovem que conheceu em um desses grupos terapêuticos. Um dia, o americano se encontrou com um dos terapeutas que quis "curá-lo" a qualquer custo. O sujeito chorou e admitiu ter "tratado" outros treze meninos, mas reconheceu que não havia "curado" ninguém.[27]

Segundo Mathew, a maior parte das pessoas que acaba em tratamentos desse tipo são adolescentes, filhos de pais apavorados. E a terapia, afirma, só serve para alavancar as chances de suicídio. Se você acha que terapias de choque ou medicamentos com fortes efeitos colaterais são práticas do passado, ficaria surpreso com o que se passa nesses "tratamentos". Em uma reportagem recente vi a história de Caio, homem trans e gay. Seus pais, na intenção de convertê-lo, o levaram a um psiquiatra quando completou dezesseis anos. O "profissional" garantiu que reverteria a condição transexual do jovem por meio de antidepressivos que agiriam em seus "instintos homossexuais". "O tratamento era basicamente com remédios [...], mas tinha efeitos muito negativos em mim [...]. Às vezes eu me via andando em círculos no meu quarto. Isso me fazia recorrer até à automutilação, marcas que tenho até hoje", conta o rapaz.[28]

Nos Estados Unidos, em 2013, após quase quarenta anos de atividade, um grupo de militância cristã dedicado a converter homossexuais, chamado Exodus International, encerrou suas atividades. O presidente do grupo, Alan Chambers, casado com uma mulher e pai de dois filhos, decidiu dar um basta na hipocrisia. Revelou que há anos sentia atração por homens e se assumiu homossexual. No entanto, seguidores do Exodus criaram células em lugares como México, vários países da África e Brasil e continuaram a promover a tal conversão. O porta-voz desse grupo aqui é o pastor Silas Malafaia, que chegou a espalhar seiscentos outdoors na cidade do Rio de Janeiro com sua imagem ao lado dos dizeres: "Em favor da família e preservação de espécie humana. Deus fez macho e fêmea".

Em uma entrevista ao portal IG, o pastor, cheio de bravata, explicou que, graças ao poder político, os evangélicos conseguiam dar as cartas: "Quando vier coisa de molecagem contra os nossos princípios, a gente tem voz para pressionar. É esse que é o jogo. Isso é o que eu faço. Não tem conversa: 'Vai fazer essa lei aí? Vai? Então vai ver se vai ter o meu apoio...!'. Você vê, tanta coisa foi freada aí, em âmbito federal e tudo, por medo de nossa comunidade".[29]

No Brasil, o fundamentalismo cristão se organizou economicamente graças a um dispositivo constitucional que dá imunidade fiscal aos templos religiosos. Trocando em miúdos: não pagam impostos pela exploração comercial da fé, embora continuem cobrando o dízimo dos desvalidos. Organizou-se politicamente também. Usam seus cultos e canais de televisão e rádio para garantir assentos no Congresso, nas câmaras municipais e nas assembleias estaduais. Assim, se converteram nessa imensa força política que foi tomando as estruturas públicas.

Ao sacar da cartola barbaridades anticientíficas como a "cura gay" e impedir políticas de proteção a comunidades vulneráveis, líderes religiosos e representantes do poder público incitam e justificam a violência, tanto em seus púlpitos quanto via redes sociais. Para vocês terem uma ideia, só o pastor Silas Malafaia tem quase 1,5 milhão de seguidores no Twitter. O resultado costuma ser nefasto. Ao tomar como verdade o discurso de ódio de pastores e parlamentares, as pessoas se voltam contra a população LGBT, mesmo que sejam os próprios filhos.

Você tem medo de quê?

No dia 5 de março de 2014, tive um ataque de pânico. Eu estava em casa, no Rio de Janeiro, terminando de escrever um texto no computador, quando fiz uma pausa para espiar as notícias. Em destaque, a foto de um menino franzino, abraçado à mãe, encarando a câmera. Alex tinha oito anos, era de Mossoró, no Rio Grande do Norte. Gostava de dança do ventre e de lavar louça. Apanhou do pai até ter o fígado dilacerado. Ele queria que o menino tomasse jeito de homem e lhe aplicava corretivos diariamente. Deu pauladas até explodir o filho com sua raiva.

Olhei novamente para o menino franzino e indefeso na fotografia. Comecei a sentir um formigamento no rosto, como se estivesse paralisado. Corri para o banheiro e me encarei no espelho. Minha percepção parecia distorcida. Achei que fosse um derrame. Meu coração acelerou. Não consegui respirar. "Estou morrendo", pensei. Encolhido no sofá, chorei durante a madrugada inteira. Queria parar, mas não conseguia. Foi o choro de uma vida inteira. Um choro recolhido. Uma conexão com experiências infantis violentas.

Coloquei-me imediatamente no lugar de Alex. Como ele, eu também gostava de brincadeiras ditas de menina. Bonequinhos, desenhar no chão, passa anel, boneca, pular elástico e brincar de roda. Provavelmente ele passou por um processo pelo qual eu e tantos outros passaram, passam e passarão — de humilhações, xingamentos e insultos. Sentimos na pele o preconceito do mundo e não somos acolhidos. Nem em casa. Pelo contrário. É junto à família que a maior parte dos casos de violência contra homossexuais acontece. É como se quisessem nos corrigir — e não existe nada de errado com a gente!

Quando Isabella Nardoni, de cinco anos, foi jogada do sexto andar do prédio pelo pai e pela madrasta, houve comoção nacional. Claro, foi um crime atroz. Mas por que não há a mesma empatia quando uma lésbica, um gay ou uma pessoa trans é brutalmente assassinada, com requintes de crueldade, muitas vezes pelos próprios pais?

Às vésperas da virada do ano de 2017, em Cravinhos, no interior de São Paulo, a gerente de supermercado Tatiana Pereira entrou no quarto do filho, Itaberli Lozano, de dezessete anos, acompanhada por dois rapazes que havia contratado. Eles espancaram Itaberli e a mãe desferiu três facadas fatais em seu pescoço. A mulher não suportava ter um filho gay. "Não aguentava mais ele", disse à polícia. Com a ajuda do marido, padrasto do adolescente, embrulhou o cadáver em um edredom, jogou-o em um canavial e ateou fogo. Horas depois de matar violentamente o próprio filho, a mulher postou na sua página no Facebook um salmo da Bíblia.

Em Tocantins, em 2015, uma menina de catorze anos foi atacada após engatar namoro com uma colega. O pai descobriu e a levou para um matagal. Numa tentativa de "corrigir" a orientação sexual da filha, como explicou depois, ele a estuprou. "Para você aprender a ser mulher", avisou, enquanto a violentava.

Em 2017, um líder religioso da Igreja Batista da Primeira Etapa, em Olinda, descobriu que uma de suas fiéis, de dezoito anos, tinha um relacionamento homoafetivo. "Quero ver se você gosta de menina ou de menino!", esbravejou o religioso, enquanto estuprava a jovem.

O pastor Marcos Pereira, líder da Assembleia de Deus dos Últimos Dias, promovia em Brasília orgias e estupros com a justificativa de que estaria salvando o rebanho de espíritos malévolos. Quando foi preso, em 2013, uma de suas vítimas contou que o pastor justificava a violência dizendo que estava "vendo um espírito lésbico" na jovem.

Episódios como esses dão profunda tristeza. São histórias que nos demandam força para não desanimar em relação a todo o resto.

De acordo com o último relatório da Associação Internacional de Lésbicas, Gays, Bissexuais, Transgêneros e Intersexuais, o Brasil é o país das Américas que mais mata LGBTs. A cada 25 horas um LGBT é assassinado. Em 2016, foram 340 mortes por motivação homofóbica. Estima-se que 144 desses homicídios tiveram como vítimas travestis e transexuais. A expectativa de vida deles é de 35 anos, menos da metade da média nacional, que é de 75 anos, de acordo com dados do Grupo Gay da Bahia.[1]

Os grupos abarcados pela letra T da sigla LGBT (travestis e transexuais ou transgêneros) são os mais vulneráveis e não faltam histórias que comprovem isso.

— Suba, suba! Não vai subir? — gritaram cinco broncos apontando um carrinho de mão para a travesti Dandara, após atacá-la em 2017, em Fortaleza.

No chão, cheia de sangue, Dandara não conseguia se mover. Chorava. Em plena luz do dia, vizinhos espiavam, ninguém intervinha. Voltaram a machucá-la com chutes, chineladas, pedradas e pedaços de madeira. Acuada, Dandara se esforçava para seguir as ordens. Em vão.

— Sobe logo! A mundiça está de calcinha e tudo — zombou um dos cabras machos que filmou a cena.

Acharam graça em registrar sua valentia, que poderia ser celebrada por outros como eles, envenenados pelo discurso de ódio de políticos fascistas e pastores fundamentalistas. Já com os órgãos dilacerados, Dandara foi alvejada com dois tiros à queima-roupa.

Não basta matar. Tem que furar, pisotear, furar os olhos, torturar e queimar esses pecadores. A agressão a homossexuais, de acordo com a psicanálise, pode ser entendida como resultado das dificuldades que os agressores têm para lidar com os próprios desejos. É como se o sujeito matasse no outro o que gostaria de matar em si mesmo, perseguindo aqueles que o tentam e fascinam. Não fosse assim, por que dedicariam tanta ira a pessoas que não lhe fizeram mal nenhum?

Nossa comunidade é dispersa e diversa, mas somos unidos por um sentimento de pertencimento, porque todos somos, em menor ou maior grau, vítimas da homofobia, seja de fora para dentro, ou mesmo de dentro para fora, com o ódio a si próprio.

A homofobia não existe apenas quando há violência explícita. A homofobia liberal é deflagrada a torto e direito. O preconceito está tão arraigado que as pessoas nem se dão conta. Aceitam a homossexualidade, mas são incapazes de esconder o incômodo ante a expressão pública de afeto entre um casal do mesmo sexo. Já ouvi frases do tipo: "Nada contra, mas precisa andar de mãos dadas e dar selinho na rua?", "O que vou dizer para as crianças?", "Estalar beijo na minha frente?".

Ou então, são acometidos de urticárias ao imaginar o que fariam se tivessem um filho veado, lésbica ou trans. É como o racismo. A pessoa está convicta de que não é hostil aos negros, mas não admite um na família.

Os dicionários definem fobia como um sentimento de medo extremo, de aversão por algo ou alguém. Fobias são consideradas doenças psicológicas, que causam paúra mórbida, repulsa e angústia intensa. Há fobias muito estranhas, como o pavor aflitivo de umbigos (onfalofobia) ou de palhaços (coulrofobia).

A homofobia é o medo de pessoas que não representam perigo algum — homossexuais, bissexuais, transgêneros, em suma, todo tipo de orientação sexual não heterossexual. Um preconceito baseado em crenças que não são científicas. Mesmo assim, os cientistas se indagaram sobre a origem da homossexualidade durante muito tempo. Por que as pessoas são homossexuais? A gente não sabe. Por que as pessoas são heterossexuais? A gente não sabe. Não é preciso buscar uma origem ou trauma para justificar essas condições.

Homossexualidade não é doença, mas a homofobia é. Trata-se de uma doença tão perigosa que pode levar seus portadores a matar outras pessoas. Portanto, é ela que precisa ser estudada. Cunhada pelo psicólogo norte-americano George Weinberg em 1971, com o passar do tempo essa palavra passou a englobar quaisquer atos de discriminação que, velados ou explícitos, sempre trazem consequências desastrosas.

Uma das raízes da homofobia encontra-se justamente nessa leitura fundamentalista dos livros sagrados. O fundamentalismo religioso, seja nos Estados Unidos, no Oriente Médio ou no Brasil, faz uma leitura seletiva da Bíblia para promover o preconceito e a violência contra a população LGBT.

A cultura ocidental e boa parte da cultura oriental se sustentam em narrativas de origem religiosa. Judaísmo, islamismo e cristianismo compartilham narrativas que podem ser encontradas na Torá, no Alcorão e no Antigo Testamento. Um dos textos que fazem parte dessa tradição, o Levítico, que faz parte do Velho Testamento e da Torá, é usado até hoje para justificar a exclusão de homossexuais e transexuais. A passagem mais evocada com esse fim registra orientações que Moisés teria recebido de Deus no Monte Sinai, após a fuga do Egito. No versículo 22 do capítulo 18, Deus diz: "Não te deitarás com um homem como se deita com uma mulher. Isso é abominável". Por mais bizarro que pareça, os religiosos fundamentalistas interpretam essa passagem ao pé da letra e seguem à risca seus dogmas.

O Levítico proíbe também fazer a barba e comer frutos do mar, para ficar apenas em dois exemplos bem prosaicos. Curioso que pastores não abram mão de uma moqueca de camarão ou uma fritada de siri. Ou seja, pinçam do livro os pecados que lhes convêm. Já que ele menciona apenas os homens, o "homossexualismo" feminino estaria liberado? Se é verdade o que está escrito no Levítico, todo ele deveria ser seguido à risca, não?

A Bíblia é um código de ética de 3 mil anos e não contempla as transformações culturais pelas quais nossa sociedade passou. Claro que essas pessoas não ignoram como a ciência e a tecnologia simplificaram seu dia a dia ou os confortos da modernidade. Mas, no que tange à homossexualidade e ao corpo da mulher, os fundamentalistas ainda vivem nas tribos da Judeia de antes de Cristo.

"Homossexualidade" é um termo cunhado no final do século XIX. Até então, os homossexuais eram chamados de sodomitas, em referência à cidade de Sodoma, que, por decisão divina, teria sido destruída como punição por sua licenciosidade. Ainda hoje o termo sodomia é usado para designar perversões sexuais.

A Bíblia foi escrita originalmente em aramaico, uma língua morta. Depois, foi traduzida para o grego, do grego para o latim, e do latim para os outros idiomas. Há um velho provérbio italiano — *traduttore, traditore* — que equipara o tradutor a um traidor. Ou seja, é feito a brincadeira do telefone sem fio: passa-se adiante uma frase, falando no ouvido de uma pessoa. Ela passa para outra e assim vai, até o final de uma fila. Inevitavelmente, a mensagem original se modifica no caminho.

Não são todos os pastores e adeptos da religião que pensam assim. Há muitos que consideram a evolução da ciência e as transformações do mundo, são inclusivos e aceitam a diversidade de seu rebanho. A bancada religiosa gosta de me atacar, mas tenho um sentimento religioso profundo. Tive formação católica, colada à Teologia da Libertação. Nunca fui ateu. Não consigo viver em um deserto de crenças. Comemorei meu aniversário de quarenta anos com amigos em uma missa celebrada na igreja do Rosário dos Pretos, no Rio de Janeiro. É uma Igreja católica, constituída por uma irmandade de homens e mulheres negras.

Quando fui eleito para o meu primeiro mandato, fiz questão de agradecer. Fui com Mainha à missa, na igreja matriz de Alagoinhas, a mesma onde eu havia sido coroinha. Pedi permissão e li no altar um trecho da Bíblia. Tive um namorado que era devoto de um terreiro de candomblé, descobri que sou filho de Oxóssi com Xangô e passei a frequentá-lo também. Meu irmão George diz que não crê em nada, mas, quando o presenteei com uma imagem de Xangô, ele pendurou no retrovisor do carro. No segundo mandato, fui ao candomblé. Tomei um banho de ervas. A cada virada de ano, tenho o hábito, para trazer sorte, de espalhar folhas de pitanga pela casa, uma tradição que vem lá de Alagoinhas.

Acredito que os mistérios da vida que nos escapam constituem a base das religiões. Tenho respeito por todas elas, mas nenhum pelos fundamentalistas. Usar a Bíblia como fonte de religiosidade é saudável, mas, em pleno século XXI, tomar como verdade absoluta um texto escrito há milênios para fomentar preconceitos é pura picaretagem.

A ignorância é estimulada dia e noite nos púlpitos das igrejas e atrasa a marcha do mundo para um lugar melhor para todos. As igrejas, sobretudo as evangélicas neopentecostais, atraem por oferecer um espaço de sociabilidade — são um lugar para se ir aos domingos, para desabafar sobre o marido, a esposa e os filhos, estabelecer um sentimento de pertencimento a um grupo, ter a sensação de que sua vida faz algum sentido. O Estado tem uma dívida com a população mais carente, a quem não garante até hoje direitos básicos. Pastores fundamentalistas ocupam esse lugar. Alguns se aproveitam da boa-fé de pessoas vulneráveis e as confundem com argumentos que considero toscos, mas nem por isso menos sedutores. Fiéis carregam a Bíblia debaixo do braço, mais como escudo contra o Belzebu do que como fonte de leitura.

Além de achincalhar homossexuais, alguns pastores culpam a macumba e os orixás pelas mazelas do mundo. Com isso, acabam minando as relações solidárias entre vizinhos. Para não cair em tentação, o compadre crente recusa o convite para ir à casa do compadre do candomblé. As tradicionais festas do catolicismo popular sofrem represálias. O bumba meu boi e a festa de Cosme e Damião passaram a ser considerados "coisas do Demo" e estão desaparecendo.

Cada vez que volto a Alagoinhas, vejo minguar essas comemorações. As pessoas costumavam acender fogueiras na porta de casa. Por mais pobre que fossem, tinham sempre uma garrafa de licor de jenipapo para compartilhar nessas ocasiões. O escambo de comida e bebida fortalecia os laços entre a comunidade.

A intolerância religiosa tem silenciado a alegria. Apagaram as fogueiras para atear fogo em terreiros. As balas distribuídas nas festas foram substituídas por balas de munição atiradas contra pais, mães e filhos de santos.

Entendo a liberdade individual de crenças — ou de não crenças —, assim como a necessidade de ter um Estado laico. O governo não deve se pautar por convicções religiosas, mas pelo respeito à liberdade e à coexistência pacífica entre todos. O poder das igrejas fundamentalistas evangélicas na política não é primazia do Brasil. Nos eventos internacionais de que participei para falar sobre democracia, o golpe do impeachment e questões da comunidade LGBT, ouvi de vários parlamentares, principalmente da América Latina, que essa era uma questão enfrentada por todos. Políticos da Bolívia, do Peru, do Chile e da Colômbia, por exemplo, criticavam a exportação brasileira de suas igrejas-empresas fundamentalistas que, segundo eles, influenciavam na política contra os direitos de minorias.

Além de pecado, a homossexualidade também é considerada crime em 73 países, segundo dados de 2016 da Ilga, que monitora as leis relacionadas a esse tema. As punições incluem multas, prisões e até a pena de morte. A Indonésia, por exemplo, pune com chibatadas públicas. Na Síria e no Iraque, o Estado Islâmico é inclemente. Divulgou um vídeo em que homossexuais são arremessados de um prédio.

Na virada do século XIX para o século XX, a psiquiatria e a psicologia passaram a considerar a homossexualidade doença. Há registros bizarros. O brasileiro José Ricardo Pires de Almeida, em seu livro *Homossexualismo*, afirmava que os "pederastas passivos" eram incapazes de assobiar.[2] Sob a perspectiva da época, a relação entre pessoas do mesmo sexo era considerada um desvio de norma, um problema mental.

O nazismo, além da perseguição contra judeus, tinha os homossexuais em sua mira. Presos, eram identificados com um triângulo rosa invertido em seus uniformes e submetidos a experimentos médicos para "curá-los", além de violência sexual, torturas e castração.

No entanto, ninguém conseguiu provar o absurdo da premissa de que homossexualidade é doença, e a teoria caiu por terra. Sigmund Freud já havia alertado para esse equívoco em 1935. Em resposta a uma mãe que pediu que curasse o filho homossexual, o pai da psicanálise explicou que a homossexualidade "não pode ser qualificada como uma doença" e que "não existem motivos para se envergonhar dela, já que isso não supõe vício nem degradação alguma". Freud dizia ser injusto e cruel taxar a orientação sexual como delito, e recuperava grandes figuras históricas homossexuais, como Platão, Michelangelo e Leonardo da Vinci.[3]

Mesmo assim, em pleno século XXI, surgem novos discursos homofóbicos disfarçados de ciência, como na discussão sobre a "cura gay" e no caso dos pesquisadores que perdem tempo tentando identificar genes associados à homossexualidade.

Então, se a homossexualidade não é pecado nem crime, tampouco doença ou escolha, mas a homofobia é, qual a maneira mais eficiente de combater esse mal?

Quando cheguei ao Congresso, a grande reivindicação do movimento LGBT era a da criminalização da homofobia — que deveria ser tratada como crime hediondo, imprescritível e inafiançável, merecedor de punições severas, nos moldes do que ocorre com o racismo. Apesar de vigorar há quase trinta anos, a lei nº 7716/1989, conhecida como Lei Caó, que criminaliza o racismo, não conseguiu mudar a mentalidade preconceituosa das pessoas.[4]

Violência física, tortura e assassinato já são condutas criminalizadas no Código Penal. Falta, ao meu ver, no caso de crimes homofóbicos, reconhecer a motivação torpe para encontrar culpados e fazer justiça. No entanto, defendo que casos de injúria e atos discriminatórios não violentos poderiam ser passíveis de penas socioeducativas, mais eficazes do que a cadeia. Prisões são masmorras e não reeducam ninguém. O efeito prático para estancar o preconceito seria inócuo. Não acho que alguém deva mofar atrás das grades por me chamar de viado. Seria desumano. Acredito em alternativas mais eficazes.

Em 2013, o potiguar Márcio Gleyson Damasceno compartilhou como notícia real uma piada do site humorístico *Sensacionalista* — "Bancada gay lança projeto para proibir casamento evangélico". Márcio não entendeu a ironia e comentou o seguinte em sua página no Facebook: "Eu falei do deputado endemoniado Jean. Se Deus não matar esse infeliz, eu mesmo vou matá-lo pessoalmente. Querem respeito desrespeitando as leis de Deus e os princípios da Bíblia".[5]

Movi uma ação contra ele por causa disso. Em vez de mandá-lo para o xadrez, a justiça do Rio Grande do Norte condenou-o a prestar serviços comunitários, por oito meses, em uma instituição no interior do estado que assiste homossexuais em situação de vulnerabilidade.

Casamento igualitário:
A gente joga arroz; outros, areia

O seu juiz já falou
Que o coração não tem lei
Pode chegar
Pra celebrar
O casamento gay

Joga arroz
Joga arroz
Joga arroz
Em nós dois.
"Joga arroz", Tribalistas

Fiz do casamento igualitário a prioridade de meu primeiro mandato, e não a criminalização da homofobia, como já vinha sendo feito pelo movimento LGBT. A ideia partiu, principalmente, da leitura de um artigo da filósofa alemã Hannah Arendt[1] sobre a luta contra a separação de brancos e negros nas escolas americanas. Para a filósofa, uma coisa era acabar com as leis de discriminação, ponto com o qual ela concordava. Outra, obrigar os brancos a conviver com os negros, que ela entendia como uma interferência do Estado na vida privada. Portanto, concluía, a estratégia mais interessante não era forçar a inserção de negros em espaços de brancos, mas permitir o casamento entre eles. Ela tinha razão. O casamento é expressão do direito de escolha e de felicidade das pessoas. Uma luta mais positiva.

O Código Civil brasileiro trata o casamento apenas como a união formada por um homem e uma mulher. A Constituição garante a proteção do Estado à união estável de homens e mulheres e seu direito de convertê-la em casamento, mas também deixa de fora casais formados por dois homens ou por duas mulheres. Essa omissão sempre prejudicou casais homossexuais, tratando-os juridicamente como cidadãos de segunda classe e impedindo seu acesso a vários direitos civis. Em 2011, o Supremo Tribunal Federal decidiu que esse dispositivo constitucional não poderia ser interpretado de forma discriminatória, e assim abriu caminho para o reconhecimento das uniões estáveis homoafetivas.

A decisão do STF é um marco histórico, mas podíamos avançar ainda mais. É por isso que eu e a deputada Erika Kokay (PT-DF) apresentamos, em 2013, uma Proposta de Emenda Constitucional (PEC) para instituir o casamento igualitário, sugerindo mudanças no texto constitucional para reconhecer claramente o casamento entre pessoas do mesmo sexo. Mais do que uma lei que reconhece direitos, essas mudanças assegurariam que os casais homossexuais seriam tratados como os heterossexuais. A meu ver, não há forma melhor de combater a homofobia do que essa.[2]

Nos países onde o Estado já reconhece o casamento civil entre pessoas do mesmo sexo, as novas gerações crescem sabendo que gays, lésbicas, travestis e transexuais não são melhores nem piores do que os heterossexuais, apenas diferentes, e merecem o mesmo respeito. A lei também serve para educar.

Os seminários LGBT realizados na Casa, até então, costumavam ser uma espécie de grupo de autoajuda, mas não avançavam em conquistas. Resolvi então reunir em meu gabinete representantes da Associação Brasileira de Lésbicas, Gays, Bissexuais, Travestis e Transexuais (ABGLT) e apontei a importância de envolver na nossa luta outros parlamentares e acadêmicos, além de *youtubers*, influenciadores digitais e tantos outros jovens LGBTs com um trabalho interessante, porém disperso. Por fim, expliquei que a prioridade do meu mandato seria a luta pelo casamento igualitário.

Senti que todos saíram do encontro visivelmente decepcionados com minhas ponderações sobre a criminalização da homofobia e, diga-se de passagem, essa questão causou muita cizânia entre nós. Mas nunca tive medo de me contrapor. Ninguém é obrigado a concordar comigo.

Há no Congresso uma foto linda da deputada Benedita da Silva (PT-RJ), jovem, de tranças. Emocionei-me ao vê-la naquela parede, a única mulher negra no meio de tantos homens brancos.

— Olha, Jean Wyllys — ela me chama assim, pelo nome completo ou apenas pelo sobrenome —, você vai entender que a minha luta, a sua luta e a nossa luta não podem ser tratadas apenas pela gente. Não fosse o apoio dos colegas brancos antirracistas nesta Casa, eu não teria feito muita coisa.

Entendi o recado. Eu também precisaria do apoio de parlamentares heterossexuais de diferentes partidos para avançar. Encontrei em Erika Kokay a parceira perfeita para tocar minha agenda. Assinamos em conjunto vários projetos de lei. Além de ser destemida, como eu, a deputada era a favorita da comunidade LGBT do Distrito Federal por ser aberta às questões de costumes.

Militantes do PSOL, com ranço dos petistas, chiaram ao me ver ao lado de alguém do partido. Como sou mesmo desaforado, logo respondi:

— Meus colegas de bancada têm outras prioridades. Se você os convencer a me apoiar e eles não tiverem receio do custo eleitoral, ótimo. Mas quem está dando a cara a tapa é a Erika, minha grande aliada.

Também recebi críticas de militantes do PSOL quando elogiei o fato de o Partido Comunista do Brasil (PCdoB) investir em mandatos de representantes mulheres. Mais uma vez não deixei barato:

— O empoderamento feminino não pode ser só um discurso.

Quando o PSOL deixar de ser dominado por esquerdo-machos--brancos e, de fato, investir em candidatas mulheres, aí sim terão moral para me questionar.

Não tenho essa fixidez partidária. Provavelmente eu me lançaria em uma candidatura avulsa, se isso fosse possível.

Na elaboração da PEC do casamento igualitário, eu e Erika contamos com o auxílio de Bruno Bimbi, jornalista e ativista gay argentino, que tinha participado da luta para legalizar o casamento igualitário em seu país, e de João Júnior, jovem ativista carioca. Destaco um trecho da nossa justificativa:

Estamos falando de uma forma de discriminação do mesmo tipo que a exclusão das mulheres do direito ao voto, a proibição do casamento inter-racial, a segregação de brancos e negros, a perseguição contra os judeus e outras formas de discriminação e violência. [...] Da mesma maneira que hoje não há mais "voto feminino", mas apenas voto, nem há mais "casamento inter-racial", mas apenas casamento, chegará o dia em que não haverá mais "casamento homossexual", porque a distinção resultará tão irrelevante como resultam hoje as anteriores, e o preconceito que explicava a oposição semântica terá sido superado.

Para seguir adiante, precisávamos de 171 assinaturas, ou seja, um terço da Casa. (Uma curiosidade. Há toda uma economia informal em torno da coleta de assinaturas. O Menino, um marmanjo já nos seus cinquenta anos, baixinho e de cabelo encaracolado, é um dos mais conhecidos. Muitos são contratados para esse fim. O programa de televisão humorístico *Custe o Que Custar*, mais conhecido como CQC, bolou uma pegadinha genial e descobriu o método mais eficaz para angariar apoio: escalar para a coleta de assinaturas uma jovem desconhecida e atraente. No vídeo, alguns parlamentares foram convidados a endossar uma PEC, patrocinada por um deputado fictício, que acrescenta um litro de cachaça na cesta básica. Com os dois olhos no decote da moça, e nenhum no papel, os nobres deputados concordaram sem nem sequer ler a proposta!)

Organizamos um mutirão. Parlamentares, artistas e ativistas passaram horas nos corredores do Congresso esclarecendo dúvidas sobre a PEC do casamento igualitário e recolhendo assinaturas.

— Casamento é homem e mulher! — bradava um.

— Veja só. Duas mulheres juntas é um negócio bonito — acrescentava outro. — Mas dois bigodudos trocando bitoquinha?

— Deus fez Adão e Eva, não Adão e Ivo — espumava um terceiro.

— Não assino esse treco de jeito nenhum! — avisava outro, categórico.

No nosso caso, nem dezenas de jovens atraentes da pegadinha do CQC fariam um milagre. Persuadir aquelas mentes tacanhas parecia uma missão impossível. Parlamentares de esquerda se recusaram a nos apoiar, seja por homofobia social, crenças religiosas, fidelidade partidária ou pura politicagem. Até Benedita se negou a assinar, embora tenhamos simpatia um pelo outro. A deputada sabe que estou com ela na agenda contra o racismo. Ao mesmo tempo, Benê é evangélica e relutava em apoiar minhas pautas. Conversamos sobre a PEC do casamento igualitário numa viagem em que sentamos lado a lado no avião:

— Olhe, Jean Wyllys — disse ela, terna —, não sou eu quem vai julgar as condutas certas ou erradas, é o meu Deus. Não me leve a mal. Não tenho nada contra sua proposta do casamento igualitário, mas é a minha base, entende?

— Benê, você tem que enfrentar a sua base! Se for aprovada a PEC, os casais homossexuais vão poder casar no cartório, não na igreja. Se as igrejas não querem casar os gays, ninguém irá obrigá--las — esclareci, em vão.

Alguns deputados afirmam que se opõem ao casamento homoafetivo porque estão preocupados com a defesa da família. Mas é justamente o contrário. Ao negarem o direito à união entre pessoas do mesmo sexo, eles atacam milhões de famílias que já existem e sempre existirão. Como disse o filho adotivo de um senador gay argentino: "Por favor, senhores senadores, não tenham medo. Os gays vão se casar entre eles, não vão se casar com os senhores".[3]

Sem atingir a meta de assinaturas, desistimos da PEC e apresentamos um projeto de lei[4] para alterar o Código Civil e incluir casais formados por pessoas do mesmo sexo. Para dar visibilidade à nossa causa, convocamos a adesão da sociedade. Em um movimento nacional apartidário, percorremos o país com o objetivo de acabar com a discriminação legal contra os casais homossexuais. Vários artistas se uniram a nós: Fernanda Montenegro, Chico Buarque, Ney Matogrosso, Daniela Mercury, entre outros.

A cereja do bolo chegou na sequência. Um dia, no aeroporto, dou de cara com o músico baiano Carlinhos Brown. Não o conhecia, mas aproveitei a ocasião. Pedi que se unisse à nossa campanha e convidasse também Marisa Monte e Arnaldo Antunes, seus parceiros nos Tribalistas. Todos toparam e nos presentearam com "Joga arroz", canção alçada a hino da campanha.

Como dito anteriormente, o STF reconheceu as uniões homoafetivas em maio de 2011, antes do lançamento oficial da nossa campanha. A decisão foi unânime. Graças a ela, casais gays, em união estável, passaram a ter os mesmos direitos de casais heterossexuais, como, por exemplo, pensão, aposentadoria, plano de saúde e herança. Num primeiro momento, houve resistências nos cartórios. De posse da certidão de união estável, alguns casais passaram a convertê-la em casamento civil. Mas isso ficava a critério de cada cartório, que podia ou não conceder.

Em caso de negativa, o casal era obrigado a seguir uma via-crúcis e recorrer à Justiça para que seu casamento fosse reconhecido. Em alguns estados era mais fácil, em outros, quase impossível. Era uma balbúrdia. Na ausência de uma lei que regulamente o casamento gay no país, cada juiz agia como quisesse. Foi então que decidi entrar com um pedido ao Conselho Nacional de Justiça (CNJ).

A vitória chegou via Judiciário, não no Legislativo, tamanha a covardia da maioria dos políticos brasileiros. Com medo de desagradar seu eleitorado e perder o mandato, boa parte dos deputados nem sempre age de acordo com o que é mais justo. Juízes, pelo contrário, não dependem das urnas e costumam exercer seu ofício com maior isenção, sem abrir mão de seu senso de justiça.

No dia 14 de maio de 2013, o Conselho Nacional de Justiça determinou que todos os cartórios do país cumprissem a decisão do Supremo Tribunal Federal, ou seja, tabeliães e juízes ficaram proibidos de se recusar a registrar o casamento civil entre pessoas do mesmo sexo.[5] Foi simbólico que tenha sido o ministro Joaquim Barbosa, que presidia o CNJ e o STF à época, o responsável por assinar essa decisão histórica. Ele foi o primeiro presidente negro do Supremo, em um país que ainda lutava — e luta — contra o racismo.

Com a maré a nosso favor, casais de diferentes regiões do país fizeram questão de celebrar. Em setembro de 2012, eu havia participado de um casamento coletivo em São Paulo, que uniu 47 casais homoafetivos. Na ocasião, fui padrinho de Priscila Pires da Silva, que se uniu a Kathrein Marrechi. Fiquei emocionado. Depois da decisão do CNJ, os casamentos se espalharam. Em dezembro de 2013, no Rio de Janeiro, o Programa Estadual Rio Sem Homofobia celebrou uma cerimônia para 130 casais, no que foi chamado pelos organizadores de o maior casamento coletivo homossexual do mundo. Não sei se é verdade, mas não importa. O que importa são histórias como a de Marcos e Celso, que tinham esperado 34 anos por aquele momento. "Sempre tive a esperança de que esse dia chegaria e finalmente chegou. O dia de hoje é uma vitória. Uma conquista de direitos", disse Celso.[6]

A gente joga arroz. Outros, areia.

Sob a batuta do pastor Marco Feliciano, a Comissão de Direitos Humanos da Câmara rejeitou um projeto de lei que pretendia consolidar a oferta de benefícios previdenciários para o parceiro do mesmo sexo e tentou sustar os efeitos da resolução do CNJ. Na sequência, foi apresentado o Estatuto da Família,[7] projeto que rejeita a variedade dos diversos arranjos familiares presentes em nossa sociedade. Felizmente, ao menos até o momento, não teve sucesso.

A bancada BBB nos acusava de querer impor "uma ditadura gay" e reivindicar "privilégios". Que bobagem sem tamanho. Se respeitassem a Constituição, saberiam que uma de suas lógicas é proteger quem está por baixo: as mulheres, os negros, os pobres, as pessoas com deficiência física ou síndromes, os homossexuais.

Havia evangélicos que se posicionavam a nosso favor, como o pastor Henrique Vieira, evangélico e teólogo, mas eram raros. O fundador da Sara Nossa Terra, bispo Robson Rodovalho, orgulhava-se de sua igreja estar à frente em termos comportamentais: "Só tem doido na Sara. Tudo tatuado. Jesus era tatuado".[8] Sob o verniz pra frentex, o discurso era o mesmo das outras igrejas, já que a Sara considera família apenas a união entre homens e mulheres.

Em 2017, a regulamentação do casamento gay completou quatro anos com mais de 15 mil registros em todo o país. No começo, foram 3700 casamentos civis. Em 2015, esse número aumentou 15,7%. Também em 2017, o STF decidiu equiparar os direitos sucessórios de uma união estável homossexual com a de um casamento civil. Na prática, um viúvo de uma união homossexual estável terá direito à metade dos bens do ex-companheiro, e não a apenas um terço, como previsto no Código Civil.[9]

Apesar dos avanços da decisão do STF e da resolução do CNJ, o texto da Constituição não foi alterado, e o casamento ainda é definido pelo Código Civil como um compromisso firmado entre um homem e uma mulher. É importante mudar a letra da lei para não corrermos o risco de retrocesso, caso se altere a composição do Supremo, por exemplo. Não queremos cidadania de segunda categoria, mas os mesmos direitos, com os mesmos termos.

A ruptura com a família é uma ferida aberta para muitos homossexuais. Até por isso acho tão vital aprovar o casamento igualitário. A gente tem necessidade de recompor essa família.

Segundo mandato

"Jean, você tem certeza de que este é o melhor momento para propor a legalização da maconha? É um assunto controverso, pode atrapalhar sua reeleição, veja bem...", ponderou meu colega Chico Alencar, em 2013, quando soube de minha intenção de apresentar um projeto de lei sobre o assunto.

O deputado Paulo Teixeira, do PT, topou assinar comigo a proposta, mas ficou ressabiado. Sugeriu apresentá-la no início da outra legislatura, depois que as eleições presidenciais tivessem passado. Temia que a oposição explorasse o tema polêmico para atacar Dilma na campanha eleitoral e prejudicar sua reeleição.

Alguns de meus eleitores ameaçaram votar em outro candidato caso eu insistisse na pauta. Recebi mensagens de gente fula da vida. "Não bastam as bandeiras polêmicas que defende, agora vem com mais essa", dizia uma delas.

Sim, eu vinha com mais essa. E não era à toa.

A atual política de combate às drogas virou uma guerra em territórios miseráveis, que mata principalmente negros e pobres. Quem lucra é a indústria das armas e o crime organizado, sem que a guerra tenha reduzido o consumo de drogas. Outra razão está nas vantagens do uso medicinal da *Cannabis*, a planta da qual se extrai a substância ativa da maconha. Ela mitiga os efeitos colaterais da quimioterapia nos tratamentos de câncer, diminui crises epilépticas e controla as dores de quem sofre de fibromialgia.

Por fim, tem o aspecto econômico. A legalização da maconha reduziria os gastos relacionados ao combate às drogas e permitiria a arrecadação de impostos sobre a atividade, do mesmo modo que ocorre com drogas lícitas como o tabaco e o álcool. Aliás, a nicotina é a droga que mais mata e ninguém mofa no xilindró por consumi-la.

Sou a favor da regulamentação, não da liberação total da maconha. Até porque, na prática, a maconha já está liberada, apesar de ser formalmente proibida. Assim como o aborto. A despeito das restrições que a legislação brasileira impõe, mulheres de todas as classes sociais recorrem ao procedimento de forma clandestina. Apesar das dificuldades de se obter dados seguros sobre a taxa de mortalidade relacionada diretamente a abortos, segundo divulgado pela Organização Mundial da Saúde em 2016, a cada dois dias uma mulher morreria no país ao tentar fazer o procedimento. A corda sempre arrebenta do lado dos mais fracos. Como na guerra às drogas, a maioria dos óbitos é de negras e pobres.

Mas quem se importa, não é mesmo? Um padre polonês tinha o hábito de convocar crianças para fazer campanha contra o aborto no Congresso. Vi meninos e meninas passando o dia de pé sob o sol ou nos corredores do prédio, empunhando cartazes e distribuindo pequenos fetos de plástico em troca de lanche e moedas. O religioso defendia embriões, mas não tinha um pingo de dó das crianças que explorava. Avisei ao padre que iria denunciá-lo. Ele nunca mais voltou.

Em 2011, a revista *Trip* fez uma matéria sobre a legalização e a regulamentação da maconha.[1] Somente dois políticos se posicionaram a favor: eu e o ex-presidente Fernando Henrique Cardoso. Curioso que ele só falou abertamente o que pensava sobre a questão depois de ter deixado a presidência e quando não dependia mais de votos.

Pesquisas demonstram que o candidato "bicho-papão" do eleitorado defende bandeiras progressistas em termos morais, o que faz muitos deles retrocederem. Corria a campanha em 2014, quando a então candidata do PSB à presidência, Marina Silva, anunciou seu programa de governo. Constava a defesa de inúmeros direitos dos LGBTs — como casamento igualitário, eliminação de obstáculos para a adoção de crianças por casais homoafetivos e elaboração de materiais didáticos sobre diversidade sexual. No dia seguinte, depois de quatro tuítes do pastor Silas Malafaia — "O programa de governo de Marina é uma defesa vergonhosa da agenda gay", reclamou —, Marina recuou e aboliu a agenda progressista de seu programa. Não me contive. Também reclamei pelo Twitter: "Tem políticos que descumprem suas promessas de campanha depois de eleitos. Marina já fez isso mais de um mês antes do primeiro turno".[2]

Como eu disse, não foi um caso isolado. Muitos políticos jogam para a plateia. Preferem agradar o eleitorado e garantir seus votos a dizer o que de fato pensam. Não tenho estômago para entrar nesse tipo de jogo. Rezo pela minha coerência. "Sou o que soa, eu não douro a pílula", como diz Caetano Veloso em "Muito romântico". Eu entrava em temas impopulares e, se alguém não quisesse votar em mim, paciência. Eu estava deputado, não era deputado.

Adotei um modelo novo de campanha em 2014. Mais eficaz e mais exaustivo também, verdade seja dita. Fazia conversas com grupos de dez a cinquenta pessoas, sempre na casa de uma delas. Peregrinei de Bangu a Ipanema, falei com católicos, judeus e pais de santo, jovens e velhos, negros e brancos, enfim, um público bem eclético. De maneira geral, as perguntas giravam em torno de como funcionava o Congresso, direitos civis e combate à corrupção. É difícil esquecer um candidato que foi até sua casa explicar pessoalmente suas propostas.

O grupo quis manter esses encontros e assim nasceu o conselho do nosso mandato, composto por 180 pessoas, de diferentes áreas. É o que chamo de democracia de alta intensidade. A gente se reunia de dois em dois meses, e não apenas em ano eleitoral.

Para custear minha campanha, aderi ao *crowdfunding*, o sistema de financiamento coletivo da internet, a velha e boa vaquinha. Recebi também bastante apoio em forma de serviços, como no caso do publicitário Sérgio Guerra, que colocou à minha disposição os seus equipamentos de vídeo e concebeu a ideia da campanha.

Sem recuar nem me fiar no que era mais rentável em termos eleitorais, recebi no segundo mandato 144 770 votos. Onze vezes mais do que os votos obtidos em minha estreia nas urnas. Fui o único deputado, permitam-me a cabotinagem, com tamanha multiplicação. Por outro lado, o grupo dos evangélicos garantiu cerca de oitenta assentos e, pela primeira vez, conquistou a presidência da Câmara, com a eleição de Eduardo Cunha. Ele nutria um ódio particular por mim, pois enquanto se gritava "Somos todos Cunha", eu já alertava sobre o perigo de sua figura.[3] No culto realizado em um templo da Assembleia de Deus para celebrar sua posse, meu nome foi citado por um de seus aliados em tom de escárnio.

— Houve uma falha grave, esquecemos de convidar o Jean Wyllys para estar aqui. Ele foi uma das pessoas que ficaram mais felizes com a eleição do Eduardo — disse, para o deleite dos fiéis, que gargalharam.[4]

Diferentemente da cerimônia de posse do meu primeiro mandato, quando apenas dois de meus irmãos puderam comparecer, em 2015 eu já tinha um lar para chamar de meu e era uma época em que pobre podia bancar passagem de avião. Espalhei colchões por todos os cantos do meu apartamento e acomodei a família inteira.

Mainha se aborrece quando tem que sair de Alagoinhas. Tímida, prefere o sossego de sua casa e as tramas das novelas, mais interessantes, no seu entender, do que as notícias do Planalto Central. Fora que ela se enerva quando fica sabendo das calúnias ditas sobre mim, como aquela segundo a qual eu teria apresentado um projeto de lei para alterar a Bíblia. Meus colegas de bancada receberam Mainha com festa e, até hoje, ela conta toda prosa:

— Aquele, como chama mesmo, ah, o Chico Alencar. Botou o Jean lá no céu. Disse que Jean era inteligente e que estava abismado de ver como eu havia cuidado tão bem dos meus filhos.

Logo minha família retornou à Bahia. Eu, à Câmara.

Nas eleições presidenciais de 2014, Dilma venceu Aécio Neves (PSDB) por uma margem pequena de votos, o que fez os eleitores do tucano se revoltarem com o pleito.

— Vocês são muito burros e vão depender de Bolsa Família e Bolsa Miséria para o resto da vida, vão continuar na merda. Eu não! Eu tenho condições de sair deste país — espumou a jornalista Deborah Albuquerque Chlaem, de São Paulo, em um vídeo publicado no Facebook.

Gente que reclamava que o aeroporto parecia rodoviária, que condenava a comunidade LGBT ou lamentava o fim da ditadura militar, enfim, uma classe média racista trajando verde e amarelo se voltou contra Dilma, o PT, a esquerda e o campo progressista, sem qualquer distinção. O ano de 2015 se iniciou em clima de polarização. O Congresso virou um terreno perigoso, as ruas também.

O ex-ministro Guido Mantega foi hostilizado no hospital onde sua mulher estava em tratamento contra um câncer. O ex-prefeito de São Paulo Fernando Haddad foi vaiado na plateia de um musical. Qualquer pessoa vestida de vermelho era vítima em potencial. Um dia, almoçando com duas amigas no restaurante Ritz, em São Paulo, um sujeito sentado a outra mesa me viu e atravessou o salão, marchando.

— Seu bandido! Onde já se viu defender a Dilma! — vociferou, enquanto os comensais mantinham um olho no prato, outro no espetáculo.

O bufão prosseguiu.

— Quer saber de uma coisa? Eu sou gay e você não me representa!

Antes que ele voltasse triunfante à sua mesa, respondi pausadamente.

— Concordo, querido. Com esse terno creme cafona que você está vestindo, não posso te representar mesmo.

A clientela caiu na gargalhada e o valentão retornou ao seu lugar.

Nos aeroportos, as agressões eram constantes. Até hoje vivo em permanente estado de alerta. Uma vez, ao desembarcar em Brasília, um sujeito de uns 35 anos bradou o nome do capitão Bolsonaro e veio em minha direção feito um cão raivoso, pronto para me dar uma porrada. Um de meus assessores percebeu e o conteve, evitando o estrago.

Nessa época, fui a Paris a convite do Ministério das Relações Exteriores da França para falar sobre a situação política brasileira. Fui achincalhado no aeroporto e no avião. Antes de regressar ao país, fui a uma loja de departamentos bem popular e comprei uma camisa e um cardigã vermelhos — o mesmo que vestiria no dia em que a Câmara dos Deputados autorizaria a abertura do processo de impeachment da presidenta Dilma Rousseff. Caso os coxinhas de verde e amarelo viessem novamente me insultar no voo, eu estaria preparado, ostentando as cores que representavam meus ideais.

O governo já vinha enfraquecido desde as manifestações de junho de 2013. Elas surgiram para contestar os aumentos nas tarifas de transporte público e acabaram cooptadas por partidos de direita, voltando-se contra o PT. O governo também estava sendo criticado pelas esquerdas pela falta de transparência nos gastos com as obras para a Copa do Mundo e as Olimpíadas, sediadas no Brasil em 2014 e 2016, respectivamente.

Em 2014, com a economia brasileira entrando em recessão, Dilma prometeu não tirar comida da mesa dos pobres para oferecer aos banqueiros. Manteria as políticas sociais, essenciais para o combate à desigualdade do país. Com receio de abrir mão de suas benesses, a elite econômica ficou em alerta. Reeleita, a presidenta logo se rendeu à pressão do mercado e abandonou o discurso da campanha. Nomeou como ministro da Fazenda Joaquim Levy, um economista de perfil liberal indicado pelo Bradesco, um dos maiores bancos do Brasil.

Mesmo tendo críticas ao governo, declararei apoio à candidatura de Dilma na disputa contra Aécio no segundo turno das eleições presidenciais. Não poderia, jamais, deixar o PSDB vencer e colocar em prática seus projetos para retirar direitos dos trabalhadores, desmontar as políticas sociais, reduzir a maioridade penal e flexibilizar o desarmamento.

Derrotado por uma pequena margem de votos, Aécio se uniu a Michel Temer e Eduardo Cunha para conspirar pelo golpe.

Cunha há anos era uma eminência parda, agindo subterraneamente, tramando a política suja dos bastidores. Quando o PMDB e o PT romperam sua aliança, Cunha mandou às favas o acordo que previa o revezamento dos partidos na presidência da Câmara. Com o apoio dos deputados que ajudou a eleger e comiam em sua mão, Cunha venceu Arlindo Chinaglia, o candidato oficial do Palácio do Planalto.

A base do governo no Congresso se desorganizou. Como sempre acontece quando o barco afunda, os ratos são os primeiros a abandonar o navio. Os opositores de Dilma, cada vez mais empoderados, ficaram ousados. Passaram a me xingar a torto e a direito e se sentiram à vontade para tripudiar também as mulheres petistas. A seu bel-prazer gritavam para que calassem a boca. Com a ascensão de Cunha na Câmara, a pauta conservadora voltou ainda mais forte.

O deputado boicotou a divulgação do Seminário LGBT no Congresso, que, até então, era realizado anualmente, sem restrições. Vetou o cartaz do evento, com a imagem da cantora Daniela Mercury e sua esposa, a jornalista Malu Verçosa, dando beijinho de esquimó, ou seja, encostando um nariz no outro. Indecente para Cunha era um beijo entre duas pessoas que se amam, e não a conta que ele mantinha na Suíça para esconder dinheiro sujo. Nós, do PSOL, nos unimos para espalhar os cartazes por todos os andares.

A cruzada histérica dos evangélicos contra qualquer tentativa de incluir a palavra "gênero" na legislação brasileira se alastrou entre os deputados feito epidemia. Cunha propunha uma barganha. Prometia aos parlamentares trabalhar para aprovar seus projetos, contanto que retirassem qualquer referência a "gênero" dos seus textos.

Bastava o termo aparecer em qualquer projeto que a bancada religiosa se ouriçava. Nossos nobres parlamentares eram capazes de mudar uma proposta que tratasse de gêneros alimentícios se fosse o caso. Até mesmo transversalidade — conceito usado para fazer referência a uma prática pedagógica que nada tem a ver com sexualidade — foi banida em algumas cidades, porque vereadores desinformados entenderam que o prefixo "trans" se referia a travestis e transexuais. O lobby religioso alegava que a expressão "ideologia de gênero" deturpava o conceito de homem e mulher, que seria dado ao nascer, e não escolhido a posteriori. — Ideologia de gênero, o que é isso? O camarada vai decidir depois se é menina ou menino? É muita bandidagem! — espumou o pastor Silas Malafaia, quando se discutia em Brasília se o Plano Nacional de Educação (PNE) deveria ou não determinar o gênero de uma criança.

O PNE define as metas e as estratégias da educação brasileira para os próximos dez anos, orientando as políticas educacionais em todos os níveis. No artigo 2º, voltado para a superação das desigualdades educacionais, havia um destaque que acrescentava: "Com ênfase na promoção da igualdade racial, regional, de gênero e de orientação sexual".

Outros pastores e políticos se posicionavam contra a "ideologia de gênero" e se empenhavam em divulgar vídeos ao estilo do pastor Malafaia, como se a simples palavra gênero fosse a encarnação do tinhoso com o propósito malévolo de destruir as famílias. Em abril de 2014, a pressão do lobby religioso conseguiu suprimir do PNE o trecho que assegurava o combate à discriminação nas escolas. O mesmo embate se repetiu nas esferas estaduais e municipais.

Gênero não é uma ideologia, e sim uma luta histórica contra desigualdades entre homens e mulheres, cisgêneros ou trans. O termo "ideologia de gênero" foi cunhado pelo Vaticano e depois exportado para os Estados Unidos, abraçado pelas igrejas fundamentalistas americanas e trazido ao Brasil. É uma cantilena diabólica que afirma haver uma "conspiração mundial" entre a ONU, os comunistas e os movimentos feministas e LGBTs para liquidar com a família tradicional. Com esse discurso, os conservadores têm barrado o avanço das políticas públicas voltadas aos direitos humanos.

No início de 2016, em Recife, o vereador Carlos Gueiros, do PSB, propôs a realização de uma queima de livros — repito: queima de livros! — que tratassem da diversidade sexual. Limar a palavra gênero das leis não faz com que mulheres, lésbicas, gays, trans e bissexuais desapareçam. A não ser que tenham planos de nos jogar na fogueira também.[5]

A filósofa americana Judith Butler, uma das mais importantes da atualidade, celebrada no mundo inteiro por sua obra, que aborda temas como feminismo, gênero e política, esteve no Brasil no início de novembro de 2017 para proferir palestras. Manifestantes protestaram em frente ao local de um dos seus eventos com crucifixos, rezas, faixas e palavras de ordem como: "Fora! Rua! Você não é bem-vinda!", "Assassina de criança!", "Mulher torta!", "Todos contra a ideologia de gênero!", "Fora, aberração!", "Destruidora de famílias, vá para os quintos dos infernos!". Às tantas, uma voz sugeriu:

— Queimem a bruxa!

A turba, então, riscou um fósforo e ateou fogo em um boneco com a imagem de Butler. Triunfantes, olhavam com regozijo as labaredas transformarem em pó a "endemoniada". Poucos dias depois, a filósofa escreveu um artigo sobre as suas ideias e a experiência no Brasil, publicado no jornal *Folha de S.Paulo*:[6]

Algumas pessoas vivem em paz com o gênero que lhes foi atribuído, mas outras sofrem quando são obrigadas a se conformar com normas sociais que anulam o senso mais profundo de quem são e quem desejam ser. Para essas pessoas é uma necessidade urgente criar as condições para uma vida possível de viver [...].

Algo que me preocupa é a frequência com que pessoas que não se enquadram nas normas de gênero e nas expectativas heterossexuais são assediadas, agredidas e assassinadas. As estatísticas sobre feminicídio ilustram o ponto. Mulheres que não são suficientemente subservientes são obrigadas a pagar por isso com a vida. Pessoas trans e travestis que desejam apenas a liberdade de movimentar-se no mundo público como são e desejam ser sofrem frequentemente ataques físicos e são mortas.

Em janeiro de 2018, o Conselho Federal de Psicologia decidiu proibir os psicólogos de tratar travestis e transexuais como doentes. Publicada no *Diário Oficial*, a resolução do CFP diz que "é dever dos psicólogos contribuir para a eliminação da transfobia".[7] A sociedade americana, principalmente, tem avançado nessas questões, mas, no código internacional de psiquiatria, a transexualidade só deixou de ser considerada doença em junho de 2018.

Costumo participar de debates e palestras com profissionais de educação sobre a importância de acolher os alunos LGBT, não os abandonar à própria sorte enquanto colegas se sentem à vontade para achincalhar e surrar qualquer um que fuja às normas da heterossexualidade. Adolescentes transexuais são os mais visados e merecem atenção redobrada. Tramitava na Câmara desde 2013 um projeto de lei de minha autoria e de Erika Kokay, batizado com o nome do psicólogo e escritor João Nery, o primeiro transexual homem a ser operado no Brasil.[8]

João foi batizado como Joana ao nascer, mas, como conta em seus livros, desde que se entende por gente já queria ser tratado no masculino. Ver o corpo na adolescência ganhando as características físicas femininas foi terrível. Sentia-se um homem aprisionado em um corpo de mulher. Nosso projeto asseguraria a mudança do registro dos documentos de pessoas transexuais, bem como o acompanhamento médico no SUS. Ele está em total consonância com o Estatuto da Criança e do Adolescente (ECA), pois defende a saúde mental e física daqueles que não se adéquam aos papéis de gênero impostos e por isso são vítimas de violência.

Em 2017, eu explicava essas questões para cerca de cem professores em uma palestra em Minas Gerais quando uma mulher, que tinha por volta de trinta anos, levantou-se e pediu a palavra:

— Muito bonito o que você disse, senhor deputado. Mas a verdade é que Deus foi sábio quando fez a natureza como ela é. Homem é homem, mulher é mulher. Quem somos nós para alterar a natureza e os desígnios de Deus?

Aplaudida enfaticamente, sentou-se de novo. A mulher usava aparelho ortodôntico nos dentes, tinha cabelo alisado e pintado de vermelho e seios avantajados. Aguardei a plateia aquiescer e, com paciência de Jó — acreditem, tenho muita paciência —, respondi:

— Você tem toda razão, desde que também abra mão do aparelho para corrigir os dentes tortos que a natureza lhe deu; desde que aceite os seios pequenos sem implantes que a natureza lhe deu; desde que assuma seu cabelo crespo, sem chapinha nem tinta acaju que a natureza lhe deu; desde que abra mão de tomar vacinas ou remédios, afinal, Deus também fez as bactérias e os vírus, não é mesmo?

Grupos como o Movimento Brasil Livre (MBL) e o Vem pra Rua, assim como tantos outros que surgiram no contexto do impeachment, bateram panelas contra a corrupção. No meu entender, foi um mero pretexto para arreganhar o ódio e o preconceito contra os pobres, os pretos. Não à toa, quando a Lava Jato passou a investigar os figurões da elite política, esses grupos deixaram de lado a grita contra a corrupção e passaram a focar na pauta moral.

Nesse contexto, surgiu o movimento Escola sem Partido, que se disseminou por diversos estados e cidades do país, ganhando adeptos no Congresso e nas Assembleias. Projetos de lei patrocinados pelo movimento proíbem que professores tratem sobre sexualidade, política ou religião, temas, segundo eles, da alçada exclusiva da família. Sua tarefa, apregoam, é proteger os alunos dos mestres esquerdistas, ateus e "destruidores da moral".

Feito carola virgem que vigia a vida dos vizinhos, eles passaram a fiscalizar os professores. Um desses bedéis dos costumes é Alexandre Frota, ex-ator pornô que chegou a fazer uma mãe de santo desmaiar, tal a força usada para imobilizá-la pelo pescoço, como contou aos risos num programa de televisão certa vez.[9] Outro arauto da retidão é o vereador paulistano Fernando Holiday, do DEM, um dos líderes do MBL. Negro e gay, Fernando é contra cotas para negros e contra o movimento LGBT. Que pena, não? Em 2017, esse menino invadiu duas escolas sem aviso prévio para averiguar se os professores usavam algum tipo de "doutrinação ideológica".[10] Pois bem, é esse tipo de gente que se diz probo, quando na verdade almeja impedir que a escola seja um espaço inclusivo, capaz de desenvolver a capacidade crítica de seus alunos. "Pelo fim da doutrinação" é um dos lemas do movimento Escola sem Partido.

Na mesma toada, esse batalhão se insurgiu contra as artes visuais e cênicas, acusando-as de promover "blasfêmia e pedofilia". Propuseram censura, expediente comum na época da ditadura militar. Em setembro de 2017, após a grita desses grupelhos, uma exposição de cultura queer/LGBT foi interrompida em Porto Alegre. Parlamentares chegaram a defender torturas e agressões físicas para lidar com os que se mostrassem favoráveis à "indecência" das artes. Quando surgiu a polêmica em torno da performance de um artista que se apresentou nu no Museu de Arte Moderna (MAM), em São Paulo, em setembro de 2017, isso ficou claro durante uma discussão no Congresso. Referindo-se a mim, que havia acabado de me pronunciar, o deputado e ex-delegado de polícia Laerte Bessa (PR-DF) foi ao microfone no plenário e exaltou instrumentos de tortura. Afirmou que direitos humanos "é um porrete de pau de guatambu que a gente usou, muitos anos, em delegacia de polícia" assim como "rabo de tatu". E ameaçou dar "uma taca" no "vagabundo" do artista.[11]

O coordenador da Frente Parlamentar Católica da Câmara, o deputado Givaldo Carimbão (PHS-AL), apresentou o PL nº 8854 em 2017, que propõe trinta anos de cadeia para quem promover a "arte do satanás". Em outubro desse mesmo ano, em uma sessão com a presença do então ministro da Cultura Sérgio Sá Leitão, o deputado invocou seus irmãos evangélicos, católicos e espíritas e, em alusão às obras concebidas a partir de imagens sacras da mostra Queermuseu, estrebuchou:

— Eu queria que fosse com a mãe do ministro. Mijando na cabeça dela. Porque Maria é minha mãe. Maria é minha mãe! Maria é minha mãe! Eu queria pegar a mãe do ministro e colocar com as pernas abertas [...] [para ver] se ele gostava. Pegar sua filha... — finalizou, rosto em chamas.

Leitão, alvo da ira de Givaldo, se exaltou com a ofensa à sua falecida mãe, e a Câmara acabou virando um ringue. Curioso ver essa indignação toda com obras de arte, mas se calar ante abusos sexuais contra meninos e adolescentes cometidos a rodo por padres e pastores, muitas vezes sob suas barbas.[12]

Os 513 deputados federais usam broches na lapela que permitem identificá-los facilmente em um ambiente onde muita gente circula todos os dias. O "carômetro" é outro recurso interessante para distinguir quem é quem nos corredores da Câmara. Existem versões impressas em papel e digitais, com o retrato seguido do nome de cada parlamentar. No meu caso, era reconhecido mesmo sem esses marcadores externos. Não raro, fãs me interpelavam nos corredores pedindo para tirar selfies. Mas eu também era vítima de fanáticos religiosos, que costumavam me dar sermões. Sugeriam que, se eu não me "endireitasse", meu futuro seria as labaredas dos quintos dos infernos. O pior era quando esse tipo de conversa partia de um colega de partido.

Em 2015, nossa bancada ganhou a companhia de Edmilson Rodrigues, ex-prefeito de Belém do Pará, e do cabo Daciolo, do Rio de Janeiro, que liderara um movimento dos bombeiros por melhores salários no ano anterior. De três, fomos para cinco deputados federais no PSOL. Com a bancada maior, conquistamos uma série de direitos, entre eles uma sala para o partido e a possibilidade de indicar um líder para nos representar. As atribuições dos líderes das bancadas incluem orientar os votos e participar da definição dos projetos que serão votados. Até então, nossas reuniões aconteciam no próprio plenário ou no gabinete de um de nós.

Recém-chegado, cabo Daciolo logo incumbiu-se da missão de me colocar "no caminho certo". Dizia que Deus iria me iluminar e, então, eu me convenceria da necessidade de formar uma família nos moldes "corretos". Declarava a quem quisesse ouvir, na tribuna do plenário inclusive, que o casamento igualitário que eu proponho é um sacrilégio. Foi um choque, e eu imediatamente reuni meus colegas para discutir o assunto:

136

— Esse cara não pode ficar no nosso partido.

— Calma, Jean — ponderou Ivan Valente, com receio de abrir mão de Daciolo e perder os benefícios que uma bancada maior nos dava.

— Calma uma ova! Calma porque não é sua agenda. Calma porque não é você — rebati.

Daciolo dizia a toda hora ouvir vozes que "emanam de Deus". Não bastasse, iniciava e finalizava seus discursos com a frase: "Deus está no comando". A gota d'água foi o projeto de lei que apresentou para substituir "povo" por "Deus" no primeiro artigo da Constituição, no parágrafo em que está escrito que "todo poder emana do povo".[13]

Foi um constrangimento. Nossos eleitores bombardearam o partido com mensagens, cobrando uma atitude. O PCdoB e o PT abriram o fogo amigo, criticando o fato de nossa legenda abrigar um fundamentalista religioso. Curioso, porque o PT não tem tanta moral para apontar o dedo, afinal, Lula tinha como vice-presidente José Alencar. Ele era católico, mas seu partido, o Partido Republicano (PR), tinha ligações com a Igreja Universal do Reino de Deus, do bispo Edir Macedo. Foi o próprio PT que empoderou as igrejas pentecostais. A esquerda que chegou ao poder no Brasil nunca foi puro-sangue.

Meus colegas introduziram o assunto numa reunião com Daciolo, fazendo rodeios. Encurtei a conversa:

— É o seguinte, Daciolo. Vou te explicar em que teia de aranha você se meteu. O PSOL combina justiça social com liberdade individual e defende o Estado laico. Portanto, suas posições estão em completo desacordo com o programa do nosso partido.

Daciolo era inviável e foi expulso em maio de 2015. No mesmo ano, Luiza Erundina (SP) e Glauber Braga (RJ) aceitaram nosso convite e mudaram para a nossa legenda. Estavam insatisfeitos com os rumos do PSB após a morte de Eduardo Campos em um acidente aéreo durante a campanha presidencial de 2014. Dessa forma, a cadeira perdida foi reconquistada e ainda ganhamos mais uma. Passamos a ser uma bancada de seis. Nosso grupo tinha uma relação amigável e eu costumava definir cada um em tom de galhofa. Chico Alencar era o simpático, "vaselina", o "veja bem". Cheio de dedos, evita fazer críticas contundentes e está sempre tentando aparar arestas. Ivan Valente era o "velho comunista sério". Foi preso e torturado na época do regime militar. Edmilson Rodrigues era o "prolixo". Ele se empolgava na tribuna como se estivesse em um comício e chegava a sair rouco de lá às vezes. Glauber, o caçula da turma e um dos colegas mais próximos, até por causa da idade, era o nosso "galã combativo", e morre de vergonha quando eu digo isso. Eu e Erundina éramos "os nordestinos radicais", porque falamos tudo na lata. Não por acaso, por eu ser gay e ela, mulher, nos tornamos vítimas de opressão direta naquela Casa de domínio masculino. Quando discordavam dos homens do PSOL, nossos adversários minimamente mantinham o respeito. Se a coisa era comigo ou com Erundina, soltavam os cachorros. Mandavam um "cale a boca!" ou daí para baixo, sem a menor cerimônia.

Política é um exercício de mediação de conflitos, e não há outra prática capaz de conciliar interesses tão diversos de uma população de mais de 200 milhões de pessoas, como é o caso do Brasil. Confesso: o mais difícil para mim, o que me mortificava, era ter que dialogar com deputados desprezíveis do ponto de vista moral. Negociava pontualmente com eles em comissões ou no plenário. A política é a arte do possível, mas tudo tem limite.

Recuso-me a estabelecer um diálogo com adversários desonestos intelectualmente, ou apologistas da tortura, do estupro, do ódio aos quilombolas, aos indígenas, aos LGBTs, e que me difamam e caluniam. O deputado João Rodrigues, certa vez, me chamou de "escória" do Congresso,[14] um autoproclamado "homem de bem" flagrado negociando propina e que acabou condenado à prisão pelo Tribunal Regional Federal da 4ª Região. Ou Laerte Bessa (PR-DF), que em 2018 entrou com uma representação no Conselho de Ética contra mim por apologia às drogas e perversão sexual, tudo por conta de uma resposta que dei à jornalista Leda Nagle, em outubro de 2017, em seu canal no YouTube. A pergunta foi: "O que você faria se o mundo tivesse data marcada para acabar?". É uma brincadeira que ela faz, e eu, no meio de uma fala longa, disse que usaria drogas ilícitas e transaria à vontade. A bancada fundamentalista fez a festa, me criticou de todos os jeitos. Eu havia dito também que pediria perdão a toda pessoa que eu tivesse ferido, por exemplo, mas isso eles não comentaram. Sobre as drogas e o sexo... sim, eu faria exatamente o que disse! O que chocou esses falsos moralistas é que eu dei uma resposta humana, espontânea, com humor, em vez de dizer à jornalista o que um assessor de imagem recomendaria a um político.

O fato é que há uma imensa homofobia institucional. Se as pessoas não notam que as instituições brasileiras são homofóbicas é porque não querem ou são cúmplices.

Também me recusei a dialogar com um vendilhão do templo como Marco Feliciano, que me chamava de pervertido, divulgava falsidades a meu respeito e por quem tenho verdadeira ojeriza. Sinceramente, não abro mão de minha dignidade, nem em nome de um projeto de lei. Erundina, uma mulher maravilhosa de 84 anos, me disse um dia: "Meu camarada, o papel da esquerda não é ganhar, é transformar o mundo".

Fiquei incomodado com a maneira como meu partido me tratou no segundo turno da disputa pela prefeitura do Rio de Janeiro, em 2016. Marcelo Freixo, do PSOL, e Marcelo Crivella, do Partido Republicano Brasileiro (PRB), chegaram à etapa final da eleição. Crivella é bispo licenciado da Igreja Universal, fundamentalista religioso e evocou temas morais para detonar Freixo. Algo absolutamente esperado de um reacionário como ele. Surpresa para mim foi meu partido me deixar fora da campanha e silenciar sobre temas polêmicos na tentativa de conquistar estratos conservadores do eleitorado.

Na televisão, o tempo para a propaganda eleitoral era dividido igualmente entre os dois candidatos, mas nem assim fui convidado a participar. Não tive um segundo sequer para falar. Vetaram um colega, e não um colega qualquer, mas um com prática na televisão e prestígio internacional, mas associado à agenda LGBT. Nunca me perguntaram como me senti.

Freixo perdeu para Crivella e nos reunimos após a eleição para avaliar acertos e erros. A certa altura, o ex-deputado Milton Temer, um dos fundadores do PSOL, figura proeminente da esquerda, concluiu que o deslize do partido foi ter abandonado a luta primordial da defesa dos trabalhadores para focar em "outras pautas". Disse isso olhando para mim. Levantei na hora e, de um só fôlego, fiz um desabafo:

— Milton, abra o leque. A política ganhou outra dimensão. Os operários não são mais interpelados por discursos de sindicalistas em kombis. Eles muitas vezes odeiam seus trabalhos. A divisão de classes ainda é uma questão, mas ela vem junto com a luta pelos direitos das mulheres, dos negros e dos LGBTs, justamente as batalhas que travo. Não acredito em uma esquerda que é capaz de deixar as pessoas para trás porque prefere ganhar as eleições. Não continuo mais nem um minuto aqui.

Peguei meus pertences e me retirei da reunião.

Caiu na rede

Não se mede o sucesso de um parlamentar apenas pela quantidade de leis que ele emplaca. Para vocês terem uma ideia, na legislatura de 2011 a 2014, apenas 26 deputados federais, ou seja, 5% dos 513 integrantes da Casa, tiveram projetos aprovados de forma definitiva no Congresso. E aprovar lei sem ser amigo do rei é tarefa ainda mais árdua. Mesmo assim, tive dois projetos de lei aprovados: um dispõe sobre a realização anual de atividades dirigidas ao enfrentamento da aids[1] e outro institui o Dia Nacional do Teatro Acessível, para acelerar a adoção de medidas que ampliem o acesso de pessoas com deficiência à cultura em todo o país.[2]

Sempre me esforcei para que minha arena política não ficasse restrita ao Legislativo. Eu tentava usar a popularidade e a consequente rede de artistas à qual me atrelei ao longo do tempo para chamar a atenção do público para questões que me moviam. Instigar a sociedade a discutir temas relevantes e contemporâneos pode dar certo, como aconteceu com o casamento igualitário, que avançou após nossa mobilização com as decisões do STF e do CNJ.

Eu participava ativamente das comissões das quais fazia parte, mas raramente pedia a palavra no plenário. A audiência da TV Câmara é muito baixa, ainda mais se comparada ao alcance que tenho no Facebook. Portanto, se é para falar para o grande público, que seja através das redes sociais e da imprensa, que são mais eficientes do que a tribuna, onde todo mundo quer falar, mas ninguém quer ouvir.

Tenho mais de 1,2 milhão de seguidores no Facebook. O fluxo de comentários era tão grande que uma equipe passava o dia em frente ao computador para responder um a um. As redes sociais são aliadas poderosas para a democracia, mas, infelizmente, são também instrumentos de barbárie com alcance gigantesco.

Como durmo tarde, aproveitava as madrugadas para responder às mensagens de seguidores. Foi numa dessas noites que vi minha página no Facebook ser bombardeada com fotos pornográficas. Não pestanejei. Acordei minha equipe e convoquei todos para me ajudar. De pijamas, passamos horas em frente ao computador apagando as imagens, que voltavam a ser publicadas em seguida. Os inimigos mantiveram a artilharia durante mais algumas horas, até que, frente à barreira incansável, recolheram a munição e saíram de campo.

Recebo mensagens de apoio às vezes, mas outras são virulentas: "Olha por onde anda, VIADO! Te pego e te MATO!", "Tem que MORRER, Satanás!", "Ou se converte ou MORRE, desgraçado!", "Safado, vou METER BALA", "FUZILA o filho do Diabo, aberração da natureza!".

Não dei trela à selvageria, mas a certa altura ficou impossível ignorá-la. Recebi mensagens ameaçadoras e, para provar que estavam dispostos a levá-las a cabo, indicaram ter conhecimento de locais do Congresso desprotegidos por câmeras de segurança. Deixei de divulgar minha agenda. Os criminosos faziam apologia à violência contra mulheres, negros, homossexuais, nordestinos e judeus, além de incitar o abuso sexual de menores. A polícia identificou e prendeu os dois responsáveis por essas mensagens. Depois veio o pior. Em 2017, recebi um e-mail de um sujeito que se dizia fã de Bolsonaro, ameaçando estuprar minhas irmãs, matar minha família e me enviar as cabeças. Parecia bem informado, pois indicou o endereço de Mainha e sabia a profissão de meus irmãos. Encaminhei na hora a mensagem para a polícia e alertei minha família, orientando-os a ignorar a correspondência eletrônica.

Quando penso no conteúdo de algumas mensagens que chegaram ao meu e-mail institucional, me sobe novamente aquele pânico, um medo enorme de simplesmente colocar o pé para fora de casa. Além das ameaças de morte, havia também o risco permanente de sabotagem. Muitos seriam capazes de plantar drogas, material suspeito e o escambau com o intuito de me incriminar. As pessoas se sentiam incomodadas com o fato de um gay ocupar posição de destaque e me construíram como inimigo público.

A mentira predileta de meus detratores era me associar à pedofilia. Esse recurso de má-fé visava pintar os homossexuais como seres depravados, ainda que a maioria dos pedófilos sejam homens heterossexuais.

As invencionices a meu respeito eram — e são — bizarras. Disseram que eu queria obrigar todas as crianças a fazer mudança de sexo, que defendia o casamento entre pessoas e animais, que propunha uma "Bolsa Aborto" para mulheres interromperem a gravidez. Segundo uma das histórias falsas a meu respeito que as pessoas mais compartilharam, apresentei um projeto para retirar trechos homofóbicos da Bíblia. Vereadores de Feira de Santana, na Bahia, chegaram ao cúmulo de subir na tribuna para rechaçar meu suposto projeto, como o jornalista Lauro Jardim, de *O Globo*, contou em junho de 2016 em sua coluna.

Criamos em nosso site a seção "Verdade ou mentira"[3] para explicar, com a maior paciência, que as supostas notícias eram falsas. Mas a estratégia não foi suficiente. Eu mal esclarecia uma calúnia e já inventavam outra. Delegados e investigadores não pareciam ter muita empatia por mim, tampouco boa vontade em solucionar esses crimes. Embora na surdina, sentia também de parte deles uma aversão a homossexuais, o que justificava o corpo mole.

Tudo isso me atingiu, me violentou e me fez sofrer. Cansei. Cansei mesmo. Minha paciência se esgotou.

De 2017 em diante, passei a denunciar todos os casos à Polícia Federal, expondo os nomes e os rostos dos difamadores. São destemidos? Mostrem a cara, então. Elisa Gonçalves escreveu que eu quero "uma lei para defender a pedofilia"; Andréa Protzek me chamou de "bichona louca abominável"; Zilmar de Ferro pediu para alguém me "meter bala"; Tayse Lima e Fábio Ramon Gatelli queriam que alguém me matasse e Kelly Adriana Almeida acha que eu deveria ser "exterminado".[4]

Danilo de Souza me considera uma "aberração"; Cristiano Celso da Silva diz que sou "um covarde" e completa: "Minha vontade era de poder ter um embate à moda antiga. Ou seja, te quebrar a cara"; Edilson Monteiro Santos declarou: "Tem pedófilo que acha normal um adulto ter relações com crianças de até seis anos de idade, um desgraçado desse só morto; pedófilo descarado".[5]

Quando encontrava um post problemático, minha equipe entrava em contato com o autor e explicava que a notícia era falsa. Aconselhava que retirasse a postagem do ar e se desculpasse publicamente. Essa exposição não era mera revanche, mas um instrumento pedagógico poderoso. Antes de sair compartilhando absurdos sem pestanejar, as pessoas eram convidadas a refletir sobre seus próprios preconceitos e as consequências de suas postagens. Essa tática surtiu efeito, algumas pessoas percebiam o erro e paravam de me difamar.

Mas nem sempre.

"E daí que a notícia é falsa? Odeio gay, abomino esse viado, não retiro um A do que disse!", respondeu um deles. Nessas situações, dávamos um passo além. Minha equipe ligava para o local de trabalho do sujeito para que seu empregador ficasse ciente da conduta criminosa de seu funcionário. Depois de levar sabão do patrão, os espertinhos se aquietavam. Houve casos de pessoas que mesmo assim não recuaram e acabaram no olho da rua.

Evitávamos pegar pesado com os mais pobres e miseráveis. Nosso foco eram os difamadores com maior número de seguidores, geralmente pastores e políticos. Para dar ares de veracidade às suas mentiras, era comum postarem frases bizarras e atribuí-las a mim, como fez o pastor Abílio Santana em um vídeo:

– Ó p'raqui [...] tá dando pra ler? Esse aqui é o Twitter do Jean Wyllys [...]: "Nós, brasileiros, temos que aceitar a tradição dos muçulmanos de se casarem com meninas menores de dez anos. Não é pedofilia, é cultura islâmica". Isso tá no Twitter desse marginal, cabra safado. [...] Vai no Facebook desse marginal.

Além de mentir deliberadamente, o pastor se aproveitou de sua posição de poder e instigou seu rebanho a me triturar nas redes sociais, no que foi prontamente atendido por milhares de fiéis.

O gesto de compartilhar mentiras pode ter desdobramentos trágicos. Em 2014, uma mulher foi amarrada, arrastada e espancada até a morte por uma multidão raivosa no litoral paulista após boatos falsos na internet acusando-a de sequestro de bebês e prática de bruxaria. Notícias falsas, ainda mais vindo de lideranças evangélicas ou políticas, compartilhadas aos quatro ventos, potencializam a fúria da turba, que crê em tais falácias e tende a obedecer sem refletir. Uma coisa é liberdade de expressão, outra, bem diferente, é o discurso de ódio, que incita a violência e traz consequências graves à vida das pessoas.

Fomos à Justiça contra o pastor. O astuto fez troça da intimação, mas não deixou de comparecer à audiência. Chegou cercado por cinco advogados, vestindo terno, um relógio de ouro imenso no pulso e todo perfumado. De cabeça baixa, não proferiu uma única palavra, e mesmo assim, seu filho cantou de galo na internet: "Não é um processinho qualquer que vai destroçar meu pai". Resumo da ópera. O pastor foi obrigado a retirar o vídeo de circulação, sob pena de multa diária, explicar que era tudo calúnia, pedir desculpas publicamente e pagar uma indenização de 10 mil reais. Casos assim são emblemáticos e podem auxiliar na contenção da violência que se propaga tão facilmente pela internet.

Disseminar notícia falsa sobre mim também era moeda corrente no Congresso. Um ex-assessor do deputado Marco Feliciano confessou ter feito um vídeo para me difamar por encomenda do chefe, que assistiu e aprovou o conteúdo.

O deputado Éder Mauro (PSD-PA) virou réu no Supremo Tribunal Federal após uma queixa-crime apresentada por mim. Em uma Comissão Parlamentar de Inquérito (CPI) que investigava o aumento de mortes e o desaparecimento de jovens negros no Brasil, esse sujeito deturpou uma fala minha para tentar convencer os desavisados de que eu teria classificado negros e pobres como potencialmente perigosos. O deputado, que era delegado antes de entrar na política, ficou furioso por ter sido intimado pela Justiça. Numa pequena roda de amigos, o valentão me ameaçou, segundo testemunho de colegas que estavam por perto:

— Que esse Jean Wyllys não se meta comigo, porque não dispenso ele... — a pequena plateia aplaudiu a valentia de Éder Mauro.

A homofobia é uma desgraça. É impressionante como movem mundos e fundos por ela. Não toleram um homossexual que não se enquadre nas representações negativas que costumam fazer. Mas não adianta trapacear para me tirar do páreo. Bolsonaro foi o primeiro na Casa a usar o expediente de produzir material falso para me difamar. O discurso beligerante do capitão incitou milhares de seus seguidores a me perseguir, ofender e ameaçar com surras corretivas ou mesmo de morte: "Vai tomar a surra que teu pai não te deu!!!!! Seu VAGABUNDO arrombado", "Esse cara de marginal fdp dá vontade de dar um tapa na cara dele pra quebrar os dentes, o nariz, e botar fogo nesse cabelo horrível [...]".[6]

Em 2018, a revista *Veja* fez um levantamento dos personagens que atraíam maior número de fake news, e adivinhem quem figurava entre o top 10? Pois é, cerca de 400 mil perfis difamatórios já foram banidos da minha página no Facebook e, junto com minha equipe, cerca de 1,5 mil comentários com ameaças ou características homofóbicas por mês foram apagados. Muitas notícias falsas não eram espontâneas ou partiam de cidadãos comuns. Havia muita coisa planejada. Setores políticos e religiosos fabricavam comentários e opiniões usando uma rede de estratégias que envolve muito dinheiro, sites hospedados no exterior, robôs, mensagens massivas pelo WhatsApp e por aí vai. Naturalmente, setores fascistas da política e do fundamentalismo religioso identificavam em mim um inimigo. Na outra ponta, está a homofobia. A combinação dessas duas partes é que muita gente que vê essas mentiras na internet acredita nelas porque eu sou gay. E se não acredita, ainda assim compartilha por puro preconceito.[7]

O processo

Recebi alta do hospital alguns dias antes da sessão em que a Câmara dos Deputados decidiu abrir o processo de impeachment da presidenta Dilma Rousseff e afastá-la do cargo, em abril de 2016. A caminho de casa, telefonei para Noemia Boianovsky, chefe do meu gabinete:

— Como assim, Jean? — ela disse, surpresa ao ouvir minha voz. — Você não estava na UTI?

Olhei a cidade pela janela do carro em movimento e respondi:

— Meu amor, eu sou como um bambu chinês. Envergo, mas não quebro. Passei anos criando raízes sólidas. Não é qualquer vento que me derruba.

Eu tinha sido internado por causa de uma série de problemas de saúde. Com a tensão crescente no Congresso, eu passara a tomar trinta xícaras de café por dia, além de consumir várias latas de coca-cola. Acabei com o estômago lacerado e tive que me submeter a uma cirurgia de emergência. Enquanto me recuperava no hospital, peguei uma pneumonia. Prescreveram uma série de medicamentos e tive uma tremenda reação alérgica.

No domingo em que a Câmara votou o pedido de impeachment, eu estava inteiro para enfrentar o golpe. Almocei em casa com Noemia e Flávio Elias, um dos assessores da liderança do PSOL na Câmara. Costumo comer pouco, mas naquele dia fatídico perdi completamente o apetite por causa da ansiedade. Já estava na garagem, prestes a entrar no carro, quando lembrei que havia esquecido algo importante. Deixei os dois sem entender a razão de meu súbito sumiço e voltei correndo ao apartamento. Remexi as gavetas do armário até encontrar uma roupa vermelha. Eu fazia questão de usar uma peça dessa cor naquele dia, para marcar posição. O primeiro idiota que me dissesse A ia ouvir o ABC inteiro. Encontrei um cardigã, joguei-o nas costas sobre o paletó e desci novamente.

Chegamos à Esplanada dos Ministérios por volta das três horas da tarde. Havia uma muvuca sobre o gramado central, separada por uma barreira metálica. De um lado, a turba de verde e amarelo aos gritos:

— Fora Dilma! Fora PT!

Do outro, em franca minoria, a turma de vermelho rebatia:

— Não vai ter golpe! Vai ter luta!

O país estava rachado, e o clima era tenso. A presidenta, legitimamente eleita, era tratada como louca e histérica por políticos, comentaristas e manifestantes nas ruas, sem a menor cerimônia. Por ser gay, sei bem como opera o preconceito. Eu sempre tive críticas ao governo Dilma, que havia, por exemplo, enterrado um programa importante de combate à homofobia nas escolas. Mesmo assim, naqueles dias havia outras questões em jogo. Saí em defesa da mulher presidenta, muito mais do que da presidenta petista.

O golpe foi tramado pelo então presidente da Câmara, Eduardo Cunha, e pelo vice-presidente da República, Michel Temer. Ambos eram do mesmo partido, o PMDB, um antigo aliado do PT que começou a se afastar do governo após a reeleição de Dilma

Rousseff. O golpe foi disfarçado com todas as formalidades de um processo de impeachment, previsto pela Constituição. Mas foi um golpe. Usaram pretextos fajutos para derrubar a presidenta antes do término de seu mandato. Cunha marcou a sessão decisiva para um domingo. Haveria transmissão ao vivo para o Brasil inteiro assistir comendo pipoca e batendo panelas. O intuito de Cunha era humilhar Dilma publicamente. Ele já era réu num processo criminal na Justiça, acusado de corrupção e lavagem de dinheiro. Tinha usado até uma empresa chamada Jesus.com para movimentar dinheiro sujo. Ou seja, era um larápio conduzindo uma farsa.[1]

Michel Temer estava afoito para dar uma rasteira na presidenta e surrupiar sua cadeira sem passar pelo crivo das urnas. O vice de Dilma tratava o impeachment como favas contadas, tanto que já tinha na ponta da língua o discurso que faria em sua posse. Um áudio em que ele testava o efeito de sua mensagem foi enviado para um grupo de deputados do PMDB e vazou para a imprensa, dias antes da sessão da Câmara.

No domingo fatídico, o Salão Verde da Câmara estava tomado. Jornalistas, cinegrafistas, fotógrafos, brasileiros e estrangeiros, encostados nas paredes, sentados no chão, disparando flashes, tropeçando nos fios. Disputavam cada milímetro do espaço com deputados e assessores que circulavam pelo salão.

Não registrei minha presença em plenário de imediato. Só o fiz quando a oposição a Dilma atingiu o quórum necessário para a realização da sessão, então não havia mais a possibilidade de protelar o seu início. O acesso ao plenário era restrito. A pedido da cineasta Petra Costa, entrei com uma câmera digital na mão para filmar o que visse lá dentro.

Parlamentares tiravam selfies à frente da mesa que dirige os trabalhos da Câmara, postados diante do microfone no corredor central em que todos pronunciariam seus votos mais tarde. O som ainda estava desligado, mas eles ensaiavam para os quinze segundos de fama a que teriam direito. Depois de filmar algumas cenas, posicionei a câmera em um lugar estratégico, focando no microfone no centro do plenário, e me afastei.

O deputado Carlos Gaguim (Podemos-TO) me olhava de esguelha. Assim que dei as costas, aproximou-se da câmera de fininho. Olhou para um lado e para o outro e, como quem não quer nada, pendurou na frente da lente um cartaz com o bordão "Tchau, querida!". Percebi a artimanha e voltei para tirar satisfações. Outro deputado, Mauro Pereira (PMDB-RS), veio de longe marchando. Todo empoderado, achava que tinha o direito de me dar ordens. Com o telefone numa mão e o dedo indicador da outra em riste, dirigiu-se a mim com soberba:

— Você pensa que está em casa?

— Esta casa é tão minha quanto sua — respondi. — Ou você se acha mais deputado do que eu? Está louco? Você não vai me impedir de filmar. Esta câmera não sai daqui.

Pereira se afastou, e eu me uni aos colegas da bancada do PSOL na quarta fileira do lado esquerdo do plenário, onde costumamos nos sentar em todas as sessões. Cunha já ocupava seu lugar no centro da mesa diretora. Atrás dele, em pé, deputados empunhavam cartazes a favor do impeachment. Havia alguns contra também, mas mal dava para perceber. O presidente da Câmara não fez nenhum tipo de objeção aos cartazes. De repente, quando abriram uma faixa com os dizeres "Fora Cunha", ele mudou as regras do jogo:

— Faixa não é permitida aqui em cima. Aliás, faixa não é permitida em lugar nenhum. Podem retirar todas as faixas — determinou, enxotando todo mundo que estava ali.

Foi um tumulto. Seguranças entraram em cena, deputados trocaram insultos e empurrões. Nossa bancada não deixou barato:

— Cunha, pode esperar! A Lava Jato vai te pegar!

Um sinal sonoro soou. Deu-se início à votação da maracutaia. Parlamentares favoráveis ao impeachment desfilavam com as cores da bandeira do Brasil estampadas em gravatas, camisas, paletós, saias e saltos de sapato. O mau gosto nos trajes só era superado pelos discursos. Os deputados dedicaram seus votos a Deus, a suas mães e famílias, aos filhos, às sogras e aos avós. Um lembrou do papagaio. Houve homenagens aos evangélicos e aos cristãos, e palavras de ordem contra a corrupção. Quem diria. Muitos desses santinhos do pau oco usam serviço de prostitutas, assistem a vídeos pornográficos dentro do plenário da Câmara e estão envolvidos em falcatruas de todo tipo na Lava Jato.

Dois telões no Salão Verde, sintonizados no noticiário da televisão, alternavam as imagens do plenário com as reações dos manifestantes do lado de fora. A cada voto a favor do impeachment, a turba comemorava:

— Fora, Dilma! Fora, puta!

Xingaram a presidenta de várias maneiras, não sobrou resquício de respeito. A galera de vermelho foi desanimando diante do placar desfavorável e mal reagia.

Nas votações da Câmara, os deputados costumam ser chamados por ordem alfabética, um estado de cada vez. Esse modo de organizar as votações me colocava, invariavelmente, logo depois do deputado Jair Bolsonaro entre os representantes do Rio de Janeiro. Em 17 de abril de 2016, dia da votação do impeachment da presidenta Dilma Rousseff, eu aguardava em pé, no meio do corredor, atrás de Jandira Feghali, do PCdoB, quando chegou a vez de Bolsonaro votar e fazer seu discurso.

— Neste dia de glória para o povo brasileiro, tem um nome que entrará para a história pela forma como conduziu esta Casa. Parabéns, presidente Eduardo Cunha! — ele disse, apontando em direção ao mestre de cerimônias daquele teatro do absurdo.

Com gestos bruscos marcando cada sílaba, arrematou:

— Pela memória do coronel Carlos Alberto Brilhante Ustra, o pavor de Dilma Rousseff! Pelo Exército de Caxias! Pelas Forças Armadas! Por um Brasil acima de tudo! Por Deus acima de todos. O meu voto é sim!

Fiquei pasmo. Bolsonaro teve a petulância de evocar um monstro da ditadura militar ao justificar seu voto, um símbolo das torturas sofridas por Dilma e por tantos outros que combateram o regime dos generais.

Vamos refrescar a memória. Ustra comandou nos anos 1970 um dos mais brutais centros de repressão da ditadura, o Destacamento de Operações de Informações (DOI) do Exército. Enquanto Ustra chefiou a unidade, passaram por ela 2 mil presos. Mais de quinhentos denunciaram torturas ocorridas ali, e pelo menos 45 pessoas morreram. Constam casos em que ratos foram introduzidos nas vaginas das mulheres durante interrogatórios. No meu primeiro mandato como deputado, um engraçadinho mandou pelo correio anonimamente ao meu gabinete um exemplar de *A verdade sufocada: A história que a esquerda não quer que o Brasil conheça*, o livro em que o coronel Ustra defende a ditadura e conta sua versão.

Aturdido, ainda com o eco do discurso de Bolsonaro na cabeça, caminhei até o microfone. Assim que me posicionei para votar, vários deputados começaram a gritar provocações e insultos. Conseguem imaginar? Eu estava no Parlamento do meu país, no exercício do mandato para o qual fui eleito, prestes a votar numa sessão em que se jogava o destino de uma nação com 200 milhões de habitantes, e eles lá, agindo como dois moleques, em total desrespeito a toda uma nação, não só a mim. Encarei-os, cruzei os braços, aguardei que fizessem um mínimo de silêncio. E só então proferi meu voto.

— Em primeiro lugar, estou constrangido de participar desta farsa, desta eleição indireta, conduzida por um ladrão, urdida por um conspirador, traidor, e apoiada por torturadores, covardes, analfabetos políticos e vendidos. Esta farsa sexista!

Retomei o fôlego para concluir:

— Em nome dos direitos da população LGBT, do povo negro e exterminado nas periferias, dos trabalhadores da cultura, dos sem-teto, dos sem-terra, eu voto não ao golpe!

E arrematei:

— Durmam com essa, canalhas!

Ao retornar pelo meio do plenário, cercado por deputados, parecia que eu atravessava um corredor polonês. Bolsonaro continuava ali e mandou mais uma vez às favas a liturgia do cargo quando me aproximei, me ofendendo com palavras.

Bolsonaro foi hostil à minha presença na Câmara desde o primeiro dia em que pisei no prédio do Congresso. Sempre que cruzava comigo nos corredores, na cafeteria, no banheiro... era um gracejo a cada encontro. Nas comissões em que ambos atuávamos, costumava sentar na fileira atrás de mim para me provocar, fora a difamação sistemática nas redes sociais, em que me associava à prática de pedofilia.

Meus colegas deputados sempre assistiram a essas agressões calados. Ninguém nunca o repreendeu. Vários me aconselharam a ignorá-lo, a aceitar tudo como se não passasse de uma brincadeira inofensiva.

Respondi às provocações de Bolsonaro em algumas ocasiões. Em outras, deixei para lá. Para ser sincero, tive muitas vezes vontade de partir para cima, mas nunca levantei um dedo, nem para ele nem para ninguém. Nem mesmo quando era menino em Alagoinhas e levei um soco no meio da rua a troco de nada, simplesmente porque um moleque não gostou do que chamou de meu "jeitinho".

Naquele domingo da votação do impeachment, lá estava Bolsonaro de novo. Não satisfeito com a primeira ofensa, ele abriu espaço entre os parlamentares para se aproximar ainda mais. Com um sorriso no rosto, andando na ponta dos pés, agitando as mãos e fazendo uma imitação grotesca de trejeitos femininos, provocou mais uma vez:

— Tchau, querida! Tchau, amor![2]

Entrei em transe. Lembrei do contínuo de violência na minha vida e pensei em tudo o que sofrera durante os seis anos de mandato como deputado. Lembrei-me do primeiro "viado!" que ouvi, aos seis anos. Do primeiro parente que sugeriu: "Toma jeito de homem!". Das surras de cinta e cipó que levei de meu pai. Dos xingamentos dos colegas de escola e de todos os que vieram depois. Bicha louca. Maricas. Baiacu. Fruta. Baitola. Cu. Bambi. Fresco. Boneca. Ré no quibe. Queima-rosca. Viado. Toda a dor acumulada veio à tona como uma torrente incontrolável, até romper todos os diques no momento em que olhei para Bolsonaro: cuspi com fúria na cara dele.

O filho de Bolsonaro, Eduardo (psc-rj), encheu a boca e cuspiu nas minhas costas. Ainda atônito, continuei pelo corredor polonês até encontrar Chico Alencar:

— Eu cuspi na cara do Bolsonaro, Chico.

— Jura?

Ao relatar a ele o que havia ocorrido, a realidade aos poucos se recompôs. A notícia já tinha se espalhado. As pessoas que lotavam as galerias estavam de pé espiando, cabeças no plenário se voltavam em minha direção. Meu celular não parava de apitar com novas mensagens.

"Cuspir na face de outro é um gesto universal de desprezo", em alguns casos, "de pura má-criação", mas "Jean Wyllys, pelo contrário, talvez tenha conseguido reabilitar a cuspidela enquanto gesto de honra", escreveu na época o escritor angolano José Eduardo Agualusa.[3] Acho que o meu cuspe, sinceramente, foi o gesto mais digno daquele teatro de horrores. Antes daquele dia fatídico, eu seria capaz de jurar que jamais cuspiria na cara de qualquer pessoa. Fui criado assim, não tem jeito. Mas depois de anos a fio sendo difamado e insultado, realmente cheguei ao meu limite. Não foi planejado, mas não me arrependo. Enquanto houver saliva, haverá cuspe.

No fim, o cuspe serviu de mote para charges, artigos, vídeos e até uma performance artística. Um grupo organizou um ato em frente ao Museu de Arte de São Paulo, o Masp. Espalharam fotos de políticos como Eduardo Cunha, Bolsonaro e Marco Feliciano, com legendas explicando os crimes cometidos por cada um. Os pedestres podiam cuspir nas imagens de quem considerassem mais desprezível.[4]

Do lado oposto, uma parcela da classe média homofóbica passou a me acusar de falta de decoro. Curioso é que essa mesma turma nunca se manifestou contra os maus modos de deputados que trocaram socos, safanões e empurrões no plenário. Tampouco se indignou quando Bolsonaro chamou a deputada Maria do Rosário (PT-RS) de "vagabunda" e, ato contínuo, disse que não a estupraria porque "ela não merecia", pois a considerava "muito feia". Ou seja, ele cospe o tempo todo nos direitos humanos, na liberdade e na dignidade de milhões de pessoas, mas só quando o deputado gay cuspiu é que faltou decoro? Eu não saí do armário para o orgulho a fim de ficar quieto ou com medo.

As bandeiras que defendi no Parlamento estão imbricadas com minha vida — e ainda estão —, não sou hipócrita. Fui um deputado honesto, material e intelectualmente. Mas quem se importa com isso? Com o pretexto fajuto de "quebra de decoro parlamentar", abriram um processo no Conselho de Ética para a suspensão de meu mandato. A medida que queriam me infligir só foi adotada uma vez até hoje, em 2013, contra o deputado Carlos Alberto Lereia (PSDB-GO), acusado de manter relações suspeitas com o bicheiro Carlinhos Cachoeira, condenado por peculato, corrupção e formação de quadrilha.

Entre os representantes dessa ação contra mim estava Alexandre Frota. Esse senhor costuma se dirigir a mim nos seguintes termos: "lixo em pessoa", "esmagador de linguiça", "bicha louca do caralho", e por aí vai.[5] Outro nome envolvido no caso é o do pastor deputado Ezequiel Teixeira (Podemos-RJ). Defensor da "cura gay" e bedel do termo ideologia de gênero, já comparou a homossexualidade a doenças como aids e câncer. O presidente do Conselho de Ética, na época, era o deputado baiano José Carlos Araújo (PSD).

Bolsonaro, o apologista da tortura e perseguidor de grupos vulneráveis, era a "vítima". Eu, o único gay assumido da Câmara, era o réu. Uma das provas apresentadas pela acusação foi um vídeo feito por Eduardo Bolsonaro, com imagens gravadas por redes de televisão durante a votação. Eduardo acrescentou legendas às imagens para defender a tese de que em certo momento eu teria avisado a um colega que iria cuspir na cara de Bolsonaro.

O propósito de Eduardo era engambelar os membros do Conselho de Ética e convencê-los de que meu ato havia sido premeditado, e não uma reação aos insultos homofóbicos proferidos por seu pai ao longo dos anos e reforçados naquele momento. Uma perícia da Polícia Civil provou que o vídeo era um engodo.

Sabe qual foi a pena para esse sujeito que fraudou provas? Nenhuma. As representações contra Eduardo foram arquivadas em dez minutos. Repito: em dez minutos. Nada foi dito sobre o fato de ele também ter cuspido em mim. O primeiro relatório do Conselho foi pela minha cassação. Minha equipe e meus colegas de bancada ficaram apreensivos. O clima político pós-golpe não era favorável. Temiam que se aproveitassem da cuspidela para se vingar de mim. A turma de Bolsonaro arregimentava todo seu batalhão para comparecer às sessões em que meu caso era analisado. Eles estenderam o processo para me cozinhar em banho-maria e me desgastar publicamente. Eu chegava ao gabinete para falar de um projeto legislativo e Noemia Boianovsky, minha chefe de gabinete, nem me dava ouvidos:

— Jean, a gente precisa falar sobre o processo...

— Noemia! Caguei para esse processo.

— Jean... — ela insistia.

A gente quase sempre brigava por causa disso.

— Não vou arregar, Noemia. Querem me cassar, que cassem.

O assunto me preocupava, claro. Mas eu realmente não temia perder o mandato. Eu seria o primeiro deputado cassado após o golpe. Por qual crime hediondo? Ter cuspido na cara de um homofóbico que fez apologia à tortura. Minha presença no Congresso era importante porque representava setores da sociedade que não têm voz, mas minha intervenção política não depende disso, nunca esteve restrita a esse lugar. Eu continuaria intervindo na esfera pública, voltaria a dar aulas e ainda teria uma baita história para contar.

Eu me recusei a interpelar os deputados do Conselho com petição debaixo do braço para mendigar absolvição. Só compareci à sessão uma única vez, para apresentar minha defesa, pois era obrigatório. Sabia que diriam coisas terríveis a meu respeito, para me ferir e me irritar, e por isso preferi ficar longe.

O relator do processo, o deputado Ricardo Izar (PP-SP), pediu 120 dias de suspensão de meu mandato. Não havia fundamento jurídico ou factual que justificasse a punição pedida por ele. O relator ignorou completamente o laudo da polícia, que demonstrou que o vídeo apresentado como prova de minha premeditação para a cusparada era fraudulento. Fez ouvidos moucos aos depoimentos das testemunhas de defesa, assim como à denúncia do contínuo de violência que sofro naquela Casa. Não deu valor à palavra da vítima, assim como não costumam dar valor à palavra das mulheres vítimas de abuso sexual.

O tal Conselho de Ética não tinha ética nenhuma. Com tantos deputados envolvidos em escândalos de corrupção, grilagens, lavagem de dinheiro, tráfico de drogas e tantas outras "cositas", fui eu que passei um ano inteiro tendo que prestar contas por um simples cuspe. Com o Congresso caindo de podre, cheguei até a encarar a punição como elogio.

Um dia, eu estava no Departamento de Inteligência da Polícia Civil no Congresso, o Dipol, defendendo manifestantes de esquerda punidos por distribuir panfletos contra Temer, quando mensagens de Noemia começaram a pipocar no WhatsApp: "Jean, tá vendo o que o Izar tá falando na TV interna?". Dias antes, eu havia manifestado no Facebook minha indignação com a punição que o relator do caso havia recomendado e lembrei que ele pertencia ao partido campeão de denunciados na Lava Jato, o Partido Progressista.

Olhei para o circuito interno de televisão. Izar estava descrevendo de forma deturpada meu post no plenário. A distância de onde eu estava até lá é enorme. Encarreguei uma de minhas assessoras de resolver as questões do Dipol e saí correndo. Atravessei corredores, curvas e rampas em disparada. Consegui chegar a tempo e, quase sem fôlego, rebati o discurso falacioso de Izar:

— O que Vossa Excelência esperava, que eu mandasse flores para comemorar seu parecer injusto, ignorando que sou vítima de insultos homofóbicos há anos?

O brasilianista americano e ativista LGBT James Green, indignado com o absurdo da situação, iniciou um movimento suprapartidário em minha defesa. Angariou apoio de artistas, representantes da Organização dos Advogados do Brasil (OAB) e movimentos LGBTs. Os colegas do PSOL, assim como políticos de diferentes espectros, fizeram uma rede solidária: o ex-presidente Fernando Henrique Cardoso e a ex-presidenta Dilma Rousseff, o ex-prefeito do Rio de Janeiro Cesar Maia, o deputado federal Rubens Bueno (PPS-PR), assim como tantos outros. Foi emocionante.

No Natal daquele ano, fui a Alagoinhas, como de hábito. A família me recebeu com uma surpresa. Todos vestiam uma camiseta em minha defesa. Na frente, o desenho de meu rosto com a grinalda da artista mexicana Frida Kahlo, obra da brasileira Sophia Kossoski. Abaixo, os dizeres: "Não me calo". Às costas da camiseta, outra mensagem: "Somos todos Jean Wyllys".

Ao fim e ao cabo, em abril de 2017, o Conselho de Ética rejeitou o parecer do relator Ricardo Izar. A maioria dos integrantes do colegiado propôs que a punição sugerida por Izar fosse substituída por uma advertência escrita. Pilar del Río, viúva do escritor português José Saramago, enviou uma mensagem assim que soube da sentença: "Use-a como um troféu de sua atuação digna e de seu ato cívico".

As ideias são à prova de bala

Na noite de 14 de março de 2018, saí de uma sessão da Câmara dos Deputados e fui direto para casa. Fechei a porta e tocou o telefone. Era o Bruno Bimbi, jornalista e assessor de meu gabinete no Rio de Janeiro:

— Jean, mataram Marielle — disse, de supetão.

A notícia me deixou mudo, imóvel no meio da sala ainda escura. Marielle Franco, vereadora eleita com mais de 46 mil votos, defensora dos direitos humanos. Altiva, alegre, solar, mãe, negra, gay, da favela da Maré.

Minha história com Marielle é antiga, começou quando entrei no PSOL e só se estreitou desde o dia em que ela me puxou para um canto e revelou uma notícia que ainda não era pública:

— Jean, quero lhe dizer uma coisa. Ainda estou no processo de abertura, não é todo mundo que sabe, mas tenho uma companheira, vivo com ela e a gente se ama.

Aos poucos, Marielle foi se empoderando. Assumiu não só o amor por Mônica Benício, como sua negritude e o cabelo crespo. Até sua postura física foi ficando cada vez mais altiva.

Nós havíamos nos encontrado dias antes em São Paulo, em

um evento organizado pelo grupo Mídia Ninja para discutir uma medida do então presidente Michel Temer, que propunha autorizar a exploração mineral em áreas protegidas da Amazônia. Eu estava em uma roda conversando com o músico Criolo e com as atrizes Maria Casadevall e Monica Iozzi, quando apareceu Marielle. Ela estava deslumbrante, tinha acabado de descolorir o cabelo. A gente tinha uma maneira debochada de se tratar, e eu disse:

— Bicha, você está linda!

Ela jogou as madeixas crespas para o lado, soltou sua típica gargalhada contagiante que preenchia os espaços e respondeu criando um neologismo.

— Estou criloura, Jean!

Nós tínhamos no PSOL um grupo de WhatsApp apenas com os afrodescendentes. O objetivo era incentivar o partido — dirigido por homens brancos e heterossexuais — a investir em candidaturas negras. Nossa ideia era que Marielle disputasse uma cadeira no Senado nas eleições de 2018, mas a legenda já havia indicado Chico Alencar para concorrer ao cargo e convencera Marielle a sair como candidata a vice-governadora do Rio de Janeiro, decisão que estava prestes a ser anunciada.

Convidei-a para a minha festa de aniversário, que seria logo mais. Ela me deu um forte abraço e nos despedimos.

— Mataram a Marielle, Jean! — repetiu Bruno ao telefone, arrancando-me de minhas reminiscências.

— Que loucura! Como assim? Foi assalto, bala perdida? — perguntei, incrédulo, ainda no meio da sala escura.

— Assalto, tiroteio, ninguém sabe direito — respondeu.

Tive uma crise de choro e liguei para meus três amigos mais próximos: Noemia, chefe de gabinete; Flávio, da liderança do PSOL; e Marilda, responsável por minha agenda. Eles não tardaram a chegar. Noemia, inclusive, saiu de casa tão atordoada e às pressas, que só se deu conta que ainda estava de camisola quando entrou no carro.

Aos poucos, enquanto tomávamos chá para nos acalmar, soubemos os detalhes. Marielle havia participado no início da noite de um evento sobre jovens negras na Lapa. No caminho de volta para casa, houve uma emboscada, e ela e Anderson Gomes, o motorista do carro em que estavam, foram baleados. Os dois morreram na hora. A jornalista Fernanda Chaves, assessora que os acompanhava, sobreviveu.

Marielle tinha 38 anos. Seu mandato foi marcado pela defesa das mulheres, dos negros e das minorias, e também por críticas à violência da polícia. No mês anterior ao seu assassinato, ela havia sido nomeada relatora de uma comissão criada pela Assembleia Legislativa para examinar a intervenção federal na segurança pública do Rio de Janeiro,[1] que ela achava uma farsa.

O então presidente Michel Temer — que já tinha entrado para a história como o vice que compactuara com a farsa do impeachment para surrupiar o lugar da Dilma —, em uma tentativa de alavancar sua pífia popularidade, havia decretado a intervenção federal como uma maneira de atacar um dos problemas que mais preocupa os cariocas.

A intervenção foi um fracasso. Um vexame. Não melhorou a segurança e só teve efeitos nefastos. Aprofundou a criminalização das favelas, tratando de forma diferente quem vivia nas comunidades afastadas daqueles das regiões mais abastadas.[2] Fizeram algumas prisões coletivas, mas não prenderam nenhum grande líder do tráfico ou das milícias.

As milícias são grupos paramilitares que arrancam dinheiro da população em troca da oferta de proteção contra o poder paralelo dos traficantes. Em alguns lugares, elas passaram a disputar o controle do tráfico de drogas com o crime organizado que prometiam combater. Esses grupos controlam um território equivalente a um quarto da cidade do Rio de Janeiro e chegam ao cúmulo de decidir quem pode ser atendido nos hospitais públicos da região. Antes de ser eleita vereadora em 2016, Marielle foi assessora de Marcelo Freixo, deputado estadual na época, que presidiu a CPI das Milícias. No relatório final, em 2008, a comissão pediu o indiciamento de 266 pessoas, entre elas sete políticos, suspeitas de ligação com grupos paramilitares. No Rio de Janeiro não existe uma oposição entre Estado e crime organizado. As milícias têm currais eleitorais e representantes na Assembleia Legislativa, na Câmara municipal e no Poder Judiciário.

Passamos praticamente a madrugada toda em claro. No dia seguinte de manhã, de olhos inchados, subi à tribuna da Câmara e solicitei a criação de uma comissão externa para acompanhar as investigações do crime. O presidente da Casa, Rodrigo Maia, acatou a ideia prontamente. O atentado foi destaque na imprensa internacional, ganhando as páginas de jornais como *The New York Times*, *The Washington Post*, *The Guardian* e *Clarín*, entre outros.

Os assassinos dispararam treze tiros, dos quais três atingiram as costas do motorista e quatro a cabeça de Marielle. Mas suas ideias são à prova de bala. Uma rede de solidariedade começou a pipocar nas redes sociais e ganhou as ruas. No decorrer da tarde, milhares de pessoas, muitas mulheres, muitas negras como ela, de turbantes coloridos ou cabeleiras crespas emoldurando seus rostos, reuniram-se nas ruas de diferentes cidades. Carregavam velas e flores, batiam palmas e tambores, até que, não se sabe de onde, um grito se espalhou pelo mundo:

— Marielle!

E a multidão respondeu:

— Presente!

— Anderson!

— Presente!

Após o crime, a assessora Fernanda deixou a cidade às pressas e, em seguida, foi com a família para a Espanha. Só voltou ao Brasil quatro meses depois. Mesmo assim, por precaução, permanece fora do Rio de Janeiro.

Ao mesmo tempo que a dor e a revolta mobilizaram milhares de pessoas, também se levantou uma onda de difamação, alimentada pelo preconceito, pela má informação e pela mais pura maldade. Perdi minha amiga e companheira de luta numa emboscada e não consegui viver o luto. A cada dia, eu me surpreendia mais e mais com as teorias sobre sua morte — uma tentativa vergonhosa de controlar a narrativa sobre o que acontecera e o discurso político de Marielle. Obviamente, havia também o intuito de despolitizar as manifestações.

A difamação que ocorreu na sequência desse crime brutal não foi aleatória. Portanto, combatê-la, no meu entender, era tão vital quanto achar os responsáveis pelo atentado. Não poderíamos deixar que matassem Marielle de novo. Resolvemos (e aqui falo "nós" porque foi uma decisão coletiva do PSOL) ir atrás daqueles que tentavam manchar sua imagem e abafar sua voz.

A desembargadora do Tribunal de Justiça do Rio de Janeiro, Marília Castro Neves, compartilhou em suas redes sociais notícias falsas que diziam que Marielle fora "eleita" com o apoio do Comando Vermelho, que era "engajada" com bandidos. Essa mesma excelentíssima senhora já havia sugerido, em dezembro de 2015, a criação de "um paredão profilático" para que eu fosse fuzilado, "embora não valha a bala que o mate e o pano que limpe a lambança".[3]

Apenas dois dias haviam se passado desde o crime quando Alberto Fraga (DEM-DF) publicou no Twitter: "Conheçam o novo mito da esquerda, Marielle Franco. Engravidou aos dezesseis anos, ex-esposa do Marcinho VP, usuária de maconha, defensora de facção rival e eleita pelo Comando Vermelho, exonerou recentemente seis funcionários, mas quem a matou foi a PM". Calúnias e mais calúnias replicadas a rodo.[4]

As investigações começaram e meu coração foi ficando cada vez mais apertado. A lentidão do processo era enervante. Apesar de dizerem que as investigações estavam avançadas, as informações saíam a conta-gotas. O delegado Giniton Lages chegou a declarar que o cerco estava se fechando, mas que não havia prazo para concluir o inquérito. Pedia paciência. Quanto tempo levaram para descobrir que a arma do crime foi uma submetralhadora? Muito. Por que as câmeras da rua onde o assassinato aconteceu foram desligadas? Perguntas óbvias pareciam não estar no script.

Resolvemos acompanhar tudo de perto. Em abril de 2018, como coordenador da comissão externa criada pela Câmara para acompanhar as investigações, defendi a federalização do caso. Para mim, era o único caminho, dado o provável comprometimento de setores das polícias Militar e Civil cariocas no inquérito. Não estou dizendo que são instituições corruptas, mas que é inegável que abrigam corruptos e pessoas com relações diretas com o crime organizado. Os indícios de que as execuções sumárias de Marielle e Anderson tinham sido praticadas por agentes ligados às forças de segurança não podiam ser ignorados.

Meu papel era apurar, cobrar e divulgar tudo o que acontecia nas investigações para a população. Claro que sempre com o cuidado de não prejudicar o andamento das buscas e averiguações, mas queríamos — e precisávamos — de respostas.

Marielle acreditava na política, e por isso sua morte é tão dolorosa. Vereadora de esquerda, ativista dos direitos humanos, defendia uma política que não declarasse guerra aos pobres, que não os encarcerasse ou oprimisse. Sua morte recolocou o debate sobre direitos humanos na pauta. Ela representava, para nós, a possibilidade de uma prática política mais idealista. "Eu sou porque nós somos", costumava dizer.

O que ainda me dá esperança é ver que a trajetória de Marielle sensibilizou os mais diferentes setores da sociedade. A despeito de um bando de loucos que acredita que quem defende os direitos humanos é responsável pela violência, muita gente se deixou tocar pela história dessa mulher que sempre lutou pela democracia. Pedro Abramovay, diretor na América Latina da Open Society Foundation, foi claro na época:

> As pessoas não entendem que a Marielle sempre defendeu o Estado de direito, a democracia. Ela não defendia bandido, mas que as pessoas tenham um julgamento justo dentro do Estado de direito. Ela sempre defendeu as pessoas da favela, que estão morrendo. [...] Marielle sempre defendeu as vítimas, as pessoas que morrem assassinadas, e sempre pediu que os crimes fossem apurados.[5]

Éramos amigos e irmãos de luta, e sinto imensamente sua falta. Além de pertencermos ao mesmo partido, as nossas bandeiras eram semelhantes. Tínhamos combinado, inclusive, uma agenda juntos para a semana seguinte ao seu assassinato. O evento de que ela participou na noite do crime foi realizado na Casa das Pretas, uma ONG cuja sede foi comprada com recursos de uma emenda parlamentar que apresentei. Havia uma ligação muito forte entre nós, o que deixou claro que eu poderia ser um alvo também, não apenas virtual, mas real.

Parte 3

Exílio

Partido

Estou em Berlim, no apartamento de um amigo, até que possa ajeitar minha vida e alugar um canto próprio. Da varanda avisto um parque, mais parece uma floresta, e ele abriga um cemitério. As lápides ficam encobertas pela relva e pelas folhas. A rua silenciosa e a paisagem me dão paz, sentimento que há muito eu não experimentava. Aqui sou mais um na multidão. Posso conciliar militância com liberdade, andar à toa, tomar uma cerveja sozinho em um boteco ou simplesmente sentar no banco da praça para observar as pessoas que passam.

Cheguei à Europa em dezembro de 2018 com poucos pertences, muito frio, sem saber onde morar nem como iria me bancar. Não foi uma decisão fácil, mas escolhi cuidar de mim e me manter vivo. Depois da execução de Marielle e Anderson, as ameaças de morte e as agressões nas ruas e nas redes aumentaram. Percebi que o jogo era perigoso e estavam dispostos a tudo. O medo de ser assassinado já existia, mas naquele momento algo se estraçalhou dentro de mim, não conseguia pensar em política da mesma maneira. Emagreci, virei um fiapo. Só conseguia dormir à base de remédios. Ainda preciso de medicamento para pegar no sono, mas cada vez menos.

Após chegar à conclusão de que eu poderia ser um alvo como Marielle, pedi proteção à Câmara e passei a andar com escolta policial e carro blindado. Eram três policiais me acompanhando em todos os lugares. Um deles sempre viajava ao meu lado de Brasília ao Rio de Janeiro e vice-versa. Os outros dois me aguardavam no aeroporto. Era estranho, permaneciam quietos. Apenas Mariana, a única policial mulher, trocava algumas palavras comigo, e olhe lá. Eles ficavam de prontidão para me proteger de violência física, mas nada podiam fazer contra quem me achincalhava. Além das ameaças de morte, eu estava sendo destruído por uma onda de fake news que atingiu o auge durante a campanha de Bolsonaro para a presidência. Fui transformado num pária pelos eleitores desse maldito. As pessoas acreditavam nas mentiras que recebiam pelo WhatsApp, especialmente as que associavam minha homossexualidade a pedofilia. Uma vez, Mainha estava fazendo compras em um supermercado em Alagoinhas quando um homem se aproximou gritando que ela era mãe de um pedófilo.

Quando a democracia se esgarça, as pessoas se sentem autorizadas a tudo. Eu recebia olhares de ódio nas ruas, não era apenas animosidade. Virou um inferno. Um dia, ao desembarcar no aeroporto de Brasília, um sujeito apareceu soltando fogo pelas ventas:

— Seu merdinha, Bolsonaro vem aí! Viado!

Eu evitava responder, mas nesse dia eu estava no meu limite e devolvi:

— Seu fascista!

Ele partiu para cima de mim, com o punho cerrado, mas acabou contido por um dos seguranças. Em outra ocasião, dois indivíduos vieram com ganas de me socar, e só brecaram o ímpeto ao notarem os policiais ao meu lado. Antes de irem embora, provocaram:

— Bonito, Jean Wyllys. Defende bandidos e anda com seguranças.

Para essa gente, defender direitos humanos é defender bandidos. É o mesmo raciocínio tosco que foi usado para justificar o assassinato de Marielle: "É aquela que protege marginal? Merecia morrer mesmo, desgraçada".

Bolsonaro foi o único candidato à presidência que ignorou a morte de Marielle e não manifestou qualquer solidariedade. Mais tarde, candidatos de seu partido, o Partido Social Liberal (PSL), vandalizaram uma placa em homenagem à minha colega durante um ato político em Petrópolis. "A gente vai varrer esses vagabundos. Acabou o PSOL, acabou o PCdoB, acabou essa porra aqui. Agora é Bolsonaro, porra", bradava Ricardo Amorim em cima do carro de som enquanto Daniel Silveira, ao seu lado, segurava a placa depredada.[1]

Esses sujeitos e Wilson Witzel, que filmava e aplaudia a cena, estão agora no poder. Com o apoio maciço do clã Bolsonaro, elegeram-se, respectivamente, deputado estadual, federal e governador do Rio de Janeiro — Amorim, inclusive, foi o deputado mais votado para a Assembleia Legislativa do estado.

Um assombro, não? Pois piora. Esse sujeito, Amorim, mandou emoldurar um pedaço da placa de Marielle destruída por eles para exibi-la na parede de seu gabinete. Justificou o ato como um símbolo da "restauração da ordem" no Rio de Janeiro. Que recado é esse? Desde quando destruir uma placa em homenagem a uma vereadora que lutava pelos direitos humanos e morreu metralhada significa restaurar o que quer que seja? É o oposto disso, não?

Ao mesmo tempo em que era atacado, passei a ter a vida cada vez mais restrita, de casa para o trabalho, do trabalho para casa. Nem comida por telefone eu podia pedir com meu nome porque meu endereço precisava ficar em segredo. Na rua, estava sempre com escolta. Para ir à casa de Noemia, em Brasília, os seguranças subiam comigo. Festa de amigos? Lá estavam eles. Nos restaurantes? Na mesa ao lado. O último filme que consegui assistir foi *Bohemian Rhapsody*, sobre a vida de Freddie Mercury, do Queen. Sentei na penúltima fileira, os policiais logo atrás. Fui perdendo a vontade de sair. Vivia em cárcere privado sem ter cometido crime algum. Isso foi me afetando. Ainda agora, mesmo longe do Brasil, lembrar de tudo isso reaviva esses sentimentos. Estou contando tudo isso para mostrar como o desejo de ir embora foi ficando cada vez mais forte.

Além de ser desagradável estar sempre com uma escolta, politicamente isso passava uma mensagem ruim, como se fosse uma regalia. Imagine, minha vida corria riscos e mesmo assim a extrema direita me acusava de usufruir privilégios. Por tudo isso, não pude fazer uma campanha plena para o meu terceiro mandato como deputado federal. Eu era obrigado a seguir à risca o plano de segurança. Minha equipe chegava horas antes para dar conta da logística, saber o que tinha em volta, onde estacionar, por onde sair em caso de emergência. As áreas eram divididas em três zonas: a verde era de livre acesso, na amarela eu só podia circular com autorização e a vermelha era vetada por causa do risco.

Para vocês terem uma ideia, um dia, a caminho de um evento em Campo Grande, em uma boate gay com Suzy Brasil, uma drag queen famosa no Rio, a polícia nos avisou que a missão teria que ser abortada. Havia um risco alto de ataque e eles não estavam preparados para me proteger.

Enquanto os outros candidatos estavam nas ruas distribuindo panfletos e tirando fotos, eu era forçado a dar meia-volta, deixando de comparecer a compromissos firmados com meus eleitores. Era muito tortuoso, meus movimentos estavam limitados.

No dia 27 de julho de 2018, ocorreu um eclipse lunar. Crianças, adultos, jovens, todos foram às ruas e às praias para observar a lua vermelha, um espetáculo raro e belo no céu. De casa eu ouvia a algazarra e o barulho do mar, mas fui impedido de descer porque a escolta teve um problema com o carro e não estava lá.

Mais tarde, Noemia apareceu com um presente, para me alegrar.

— Jean, olha, achei que era a sua cara — disse, animada. Continuei prostrado, na varanda. Me dei conta de que aquilo não era vida, eu tinha que fazer uma escolha.

— Vou largar tudo. Vou desistir — falei.

Noemia deixou o pacote de lado, aproximou-se e permanecemos ali, em silêncio. Veio um vento forte, estranho, carregando folhas.

— Calma, você não vai desistir agora.

E me deu um abraço.

Eu anuí.

Minha equipe era entusiasta de meu mandato, queria que eu fosse reeleito e continuasse meu trabalho. Noemia me observava em silêncio, percebia que tudo isso estava abalando minha alegria de tocar a campanha adiante. Ela foi a advogada que levou à Polícia Federal cerca de mil páginas com *prints* e outras provas de ameaças que estavam sendo feitas contra mim e minha família. "Vou te matar com explosivos", dizia um. Outro se dirigia à minha família: "Já pensou em ver seus familiares estuprados e sem cabeça?". Alguns pareciam estar me observando: "Aquelas câmeras de segurança que você colocou não fazem diferença".

E havia muito mais: "Matar você seria um presente. Você pode ser protegido porque é deputado federal, mas sua família não". Outros detalhavam os métodos que usariam: "Depois de matar toda a sua família, eu vou fabricar 2 mil quilos do agente detonante Anfo e vou deixar uma van parada na porta da Câmara dos Deputados em Brasília no dia que você estiver lá".

Foram abertos inquéritos para investigar as ameaças, mas os investigadores não avançaram, mesmo nos casos em que conseguimos identificar os nomes dos autores das mensagens.

Para piorar, no dia 6 de setembro ocorreu o atentado contra Bolsonaro, atingido por uma faca na região do abdômen durante um ato de campanha em Juiz de Fora, em Minas Gerais. O agressor, Adélio Bispo de Oliveira, foi preso em flagrante e levado para a delegacia da cidade. Independentemente de nossas desavenças políticas, suspendi minha agenda e expressei publicamente "meu absoluto repúdio contra o ato de violência sofrido pelo candidato" e finalizei dizendo: "Chega de violência, seja contra quem for!".

A militância digital do capitão reformado recorreu ao expediente usual: mentir e caluniar. Essas pessoas encontram nas notícias falsas a desculpa para justificar o ódio que sentem por mim. Acusaram-me de ser o mandante do atentado, de que eu teria feito um repasse bancário ao advogado do agressor ou mesmo que eu e Adélio éramos amantes.[2]

O ataque tem uma série de furos e ainda está para ser explicado. Se alguém de fato quisesse dar cabo da vida de Bolsonaro, usaria uma arma de fogo, não uma faca de pão no meio de uma multidão. Segundo a polícia, Adélio agiu sozinho, mas a imprensa não teve acesso a ele. O ataque converteu o então candidato do PSL em vítima e serviu como álibi para Bolsonaro fugir dos debates e deixar de apresentar suas propostas de governo. Ele próprio admitiu em uma coletiva de imprensa: "Existe a possibilidade sim estratégica [de não ir aos debates]".[3] Ou seja, para ele, foi providencial.

Para completar, eu era o deputado que havia cuspido na cara de Bolsonaro depois de ele ter me xingado e feito uma homenagem a um torturador na sessão em que a Câmara decidiu abrir o processo de impeachment da Dilma. Embora eu não seja do PT, ter me oposto ao impeachment e ter saído em defesa da democracia fez com que os ataques se multiplicassem.

O nível de violência política no Brasil cresce desde as jornadas de junho de 2013. Manifestações aparentemente conduzidas pela esquerda, com o Movimento Passe Livre (MPL), que defendia a adoção de tarifa zero para o transporte coletivo, aos poucos foram sequestradas pelo MBL e outras siglas da extrema direita ultraconservadora.

Esses grupos passaram a pedir a intervenção militar, elegeram o renomado pedagogo Paulo Freire como personagem maldito,[4] e começaram a perseguir quem era de esquerda, principalmente os petistas. Os líderes desses grupos conseguiram se projetar e foram eleitos, como o deputado federal Kim Kataguiri (DEM--SP) e o vereador Fernando Holiday (DEM-SP). O antipetismo e as fake news passaram a construir o terreno para o ambiente se tornar cada vez mais violento.

Bolsonaro verbalizou o que muitos tinham vergonha de dizer. Pessoas acostumadas a buscar meninas no interior para trabalhar em suas casas e morar em um cubículo sem janela, com o chuveiro em cima do vaso sanitário, ficaram indignadas com as conquistas trabalhistas das empregadas domésticas. Aqueles que toleram os gays desde que estejam alisando os cabelos das madames nos salões ficaram incomodados com os avanços da comunidade LGBT e com gays ocupando espaços de poder. Os homens criados para meter a mão nos seios, bundas, pernas e vaginas das mulheres sem pedir licença ficaram escandalizados quando elas reagiram dizendo "meu corpo, minhas regras". Mas, então, apareceu o "Messias" prometendo restaurar a ordem.

Sou acometido pela maldição de Cassandra. O termo, que tem sua origem na mitologia grega e é usado na psicologia, faz referência a previsões, profecias e avisos que são tomados como falsos ou desacreditados veementemente. Segundo a mitologia, era um castigo dos deuses, mas podemos fazer outra leitura. Ela não era ouvida pelo fato de ser mulher.

Assim como as mulheres, nós, homossexuais, somos o que Rebecca Solnit, historiadora e feminista americana, definiu como desertores do patriarcado. Não somos ouvidos nem levados em conta. As ameaças contra mim foram subindo de nível e muitos de meus detratores se reuniam em fóruns da *deep web* — as regiões profundas da internet, que não são indexadas pelos mecanismos de busca.

Minhas denúncias, que não são recentes, deveriam ter sido monitoradas há muito tempo, mas a Polícia Federal nunca deu a elas a devida atenção. E por quê? Porque eu faço parte da minoria. Se levassem a sério esse tipo de problema, talvez não tivesse ocorrido a tragédia de Suzano, em março de 2019. Os dois jovens que invadiram uma escola, mataram oito pessoas e depois se suicidaram, frequentavam grupos de ódio na *deep web*.[5]

Em 2015, em um post no Facebook, alertei que se nada fosse feito contra os discursos de ódio de Bolsonaro e dos fundamentalistas cristãos, o capitão reformado seria presidente da República. Fui ignorado pela maioria. Tratavam-me como se eu não entendesse da "grande política", apenas de "questões identitárias". Tratavam-me como trataram Cassandra, ela sendo mulher, e eu, gay. Em uma sociedade que naturaliza o ataque à população LGBT, o que é dito por um deputado gay não é considerado. E como se eu estivesse sempre exagerando, subindo o tom à toa, fazendo estardalhaço por nada.

Mas como esperar que autoridades façam algo para conter a violência contra as minorias se elas próprias estimulam e propagam fake news que, por sua vez, estimulam essa mesma violência? Veja o desejo expresso da desembargadora Marília Castro Neves, do Tribunal de Justiça do Rio de Janeiro, sugerindo que eu fosse exterminado em um "paredão profilático". Essas autoridades não são republicanas, pelo contrário, representam os tentáculos dessa extrema direita monstruosa que hoje ocupa os poderes da República.

A milícia digital do capitão continuou com o trabalho subterrâneo de notícias falsas via WhatsApp, financiadas por grupos empresariais que ainda não foram identificados. Uma estratégia tão maquiavélica e bem executada, que derrubou candidatos que as pesquisas apontavam como favoritos — como Dilma e Eduardo Suplicy, que concorreram ao Senado em Minas Gerais e São Paulo, respectivamente — e elegeu uma série de pessoas de que ninguém nunca tinha ouvido falar.

Em oito anos como parlamentar, testemunhei a explosão das redes sociais. Se por um lado elas são importantes ferramentas de transparência e vigilância política, por outro, podem ser nefastas, propagando notícias falsas e destruindo reputações. Os criadores desses conteúdos não são bobos, produzem material capaz de mobilizar corações e mentes, que enviam mentiras a seus contatos como se estivessem prestando um grande serviço.

No filme *Matrix*, o jovem programador Neo (Keanu Reeves) é atormentado por pesadelos nos quais se encontra conectado por cabos a um imenso sistema de computadores. Neo desperta e descobre que é vítima do Matrix, um sistema de inteligência artificial que manipula a mente das pessoas criando a ilusão de um mundo real, enquanto usa seus cérebros e corpos para produzir energia. Neo passa, então, a liderar a resistência dos seres humanos. Impressionante, não? De imaginação distópica dos anos 1990, *Matrix* passou quase à descrição da nossa realidade. O filme é análogo ao fenômeno das fake news. Nosso papel é semelhante ao de Neo, temos que entrar na Matrix, a internet, para acordar as pessoas.

Mas parece que ainda estão todos comendo mosca.

Em outubro, Noemia recorreu à Comissão Interamericana de Direitos Humanos (CIDH), órgão ligado à Organização dos Estados Americanos (OEA). Já no mês seguinte, a CIDH exigiu do governo brasileiro a adoção de medidas concretas para proteger minha vida e integridade física, além de cobrar investigações sobre as ameaças que sofri. A resposta do Estado brasileiro, ainda na gestão Temer, foi minimizar o pedido e, com ironia, usar a palavra homofobia entre aspas.

O fato de eu ser gay me tornava ainda mais vulnerável. Não se importavam comigo. Minha morte não causaria nenhuma comoção. Senti-me completamente só, cada vez mais desiludido com o Congresso, com Brasília, com as instituições, enfim, com tudo. A homofobia foi o grande motor e protagonista dessa última eleição. Bolsonaro venceu, sobretudo, instigando a aversão das pessoas à comunidade LGBT. As duas principais fake news que ajudaram a alçar o capitão reformado à presidência tiveram a ver com questões de sexualidade e gênero. São elas o famigerado "kit gay", cuja origem já contei aqui antes, e a história da "mamadeira de piroca" (supostamente seriam distribuídas nas creches mamadeiras com bico de borracha em forma de pênis para combater a homofobia).

As duas mentiras deslavadas me envolviam como personagem. O expediente não é novo, mas agora o capitão — deputado do baixo clero por quase trinta anos — era candidato ao maior posto do país, o que reforçava ainda mais seus ataques. As notícias falsas não têm limite territorial. Havia praticamente um candidato pró-Bolsonaro, do PSL ou não, por estado, que me usava como escada para alavancar sua candidatura. Mas não foram só os políticos que se empenharam em espalhar calúnias. Eles contaram com o apoio de personalidades com poder de disseminar bobagens para milhões de seguidores, como o pastor Silas Malafaia e o comediante Danilo Gentili — mau palhaço que virou palhaço do mau, como bem um dia definiu Wilson Gomes, meu amigo e professor de comunicação na UFBA.[6] Mas a homofobia é ubíqua, atinge dos mais endinheirados aos miseráveis, da extrema direita à extrema esquerda. O compositor Chico Buarque, que gravou um vídeo apoiando minha candidatura, declarou durante um show em 2018: "Acho que vou começar a usar fones na rua. Gosto de caminhar e, por onde caminho, nos bairros chiques do Rio, as pessoas finas passam com seus carros grandes e gritam: 'Viado filho da puta!', 'Viado, vai pra Cuba', 'Vai pra Paris, viado'. O único consenso é o 'viado'".[7]

Pois é.

Recebi críticas pela minha posição em relação à Venezuela. Como membro do Parlamento do Mercosul, também conhecido como Parlasul, sempre disse que as esquerdas não deveriam apoiar a ditadura de Nicolás Maduro que, cada dia mais descontrolada, passou a reprimir manifestações com violência inusitada, cerceando as liberdades e avançando sobre os outros poderes, eliminando os poucos resquícios de institucionalidade que ainda restam no país. Não queriam ouvir, apenas desconstruir. "Cala a boca, viado!"

A esquerda também divulgou notícias falsas sobre mim. Uma delas afirmava que eu apoiava Israel, seu colonialismo e o massacre dos povos palestinos. Mentira absurda. Sempre defendi uma solução para o conflito israelo-palestino que levasse à construção de dois Estados independentes e ao compartilhamento dos sítios sagrados. Sempre critiquei o belicismo e os abusos das Forças Armadas de Israel no território palestino, assim como os crimes e o uso de crianças palestinas pelo terrorismo do Hamas. Mas uma fatia da esquerda, que não tolerava o fato de um parlamentar gay a reivindicar igualdade absoluta de direitos entre heterossexuais e LGBTs, encontrou na divulgação de notícias falsas um escape para liberar seus demônios. "Cala a boca, viado, você entende de BBB, sabe nada da Palestina."

Como imaginar que tal orquestra de difamação não teria impacto? Essas mentiras foram se cristalizando e muita gente passou a acreditar que de fato eu era um perigo. Apesar de toda intimidação, da violência e das ameaças que me impediram de circular livremente nos espaços públicos durante a campanha, apesar da sabotagem vinda da direita e de parte da esquerda, fui reeleito com 24 295 votos. Mas eu já estava muito angustiado com tudo que acontecia no país, de verdade. Após o pleito, sem vontade de comemorar, aceitei o convite de Noemia para passar um fim de semana em sua casa de campo, em Pirenópolis, uma cidadezinha do interior de Goiás. A ideia da viagem era tentar descansar, mas não consegui, afligido por dúvidas. Eu queria honrar o compromisso assumido com o partido, os eleitores, a equipe e os amigos. Ao mesmo tempo, minha alegria de tocar o mandato estava abalada, eu estava definhando. Dava-me horror imaginar mais quatro anos naquele inferno.

Passei a viver um conflito interior muito grande, sentimento que me acompanhou até o último minuto. Não é simples abrir mão de um mandato para o qual fui eleito democraticamente e das lutas importantes que eu vinha empreendendo. Eu resistia. Mesmo definhando, tentava seguir. Por outro lado, havia em mim uma vontade maior de viver. Até para continuar me dedicando às causas que defendo, precisava estar vivo.

Dois encontros foram cruciais para a minha decisão.

Fui a Montevidéu cumprir um compromisso no Parlasul. Um amigo, conhecido do assessor do ex-presidente do Uruguai Pepe

Mujica, armou um encontro entre nós. Mujica vive em uma chácara afastada da cidade. Cheguei lá por volta das dez da manhã e o encontrei no quintal, de botas sujas, cuidando da terra. Sentamos em um banco na entrada da casa e começamos a conversar sobre política, minha relação com Deus, o ateísmo, a sobrevivência das espécies, a vida, tudo. Ele me ouvia atento, depois comentava, com aquela calma intercalada por silêncios. Estava um dia frio, o papo foi rolando, até que aquele senhorzinho me chamou para entrar. O cheiro de café coado, de roça, remeteu-me à casa da minha avó Rosa, de meu avô, de Alagoinhas, e me deu vontade de abraçá-lo.

Mujica puxou uma garrafa de uísque e me ofereceu um trago — e eu achando que a gente ia tomar chá ou um pingado! Eu não tinha nem tomado o desjejum, mas como recusar um convite daqueles? Ele me contou que não tinha tido coragem de assistir ao *Uma noite de doze anos* (2018), pois iria reavivar memórias muito fortes. O filme foca no período da ditadura que se instalou no Uruguai de 1973 a 1985, quando Mujica e dois companheiros de guerrilha — Mauricio Rosencof, jornalista e dramaturgo, e Eleuterio Fernández Huidobro, jornalista e escritor — ficaram presos. Os militares uruguaios adotaram métodos de repressão similares aos dos outros países da América Latina — prenderam, torturaram, exilaram e mataram aqueles que desobedeceram ao governo.

Na hora de ir embora, já por volta da uma da tarde, eu o abracei. Antes que eu saísse, ele segurou meu braço e disse.

— Cuida-te, rapaz. Mártires não são heróis.

O outro encontro importante foi com a ex-presidenta Dilma Rousseff, num restaurante japonês no Rio de Janeiro. Para não chamar atenção, cheguei depois e saí antes, e o brasilianista James Green, que nos acompanhou, garantiu um espaço reservado do salão. Na relação pessoal, Dilma é dura, pouco afetiva. Imagino que pessoas como ela e Mujica, que passaram por tortura e prisão, tenham mais dificuldade para lidar com afetos. Mas acho que o saquê que tomamos naquela noite a ajudou a relaxar.

Lá pelas tantas, mudei de lugar, sentei ao lado dela e falei que faria algo que sempre tive vontade.

— O quê, Jean? — ela quis saber.

Dei-lhe um abraço, deitei minha cabeça em seu ombro e falei que gostava muito dela.

— Gosto demais de você, Jean Wyllys, demais — Dilma me disse e prosseguiu. — Acho que o caldo vai engrossar, você é um alvo, é melhor sair do país. Mesmo para as suas lutas é importante que você se mantenha vivo.

Depois de meses de angústia e hesitação, algo dentro de mim foi maturando, como se eu tivesse desatado um nó.

A partida

Desde fevereiro de 2018 eu tinha passagens compradas para ir à Espanha durante o período de recesso parlamentar. Sempre comprei os bilhetes com bastante antecedência para dividir as parcelas no cartão. Pouco antes de viajar, já no finalzinho do ano, disse a Noemia que aquilo não era vida e não poderia continuar assim. Se eu continuasse no Brasil, talvez terminasse morto, de uma forma ou de outra: assassinado ou destruído física e emocionalmente. Avisei que participaria da campanha do Fernando Haddad no segundo turno, mas sairia de férias e não voltaria.

Às vésperas do pleito, Bolsonaro continuava a destilar ódio e a convocar a turba a pensar com as vísceras. Em pronunciamento transmitido ao vivo em telões na avenida Paulista para a massa que participava de um ato em prol de sua candidatura, prometeu que se eleito faria "uma limpeza nunca vista na história desse Brasil", e instigou: "Vamos varrer do mapa os bandidos vermelhos do Brasil".[1]

Palavras têm poder. Lembro de um canto da igreja da época em que eu estava na Pastoral, em Alagoinhas:

Palavra não foi feita para dividir ninguém
palavra é ponte onde o amor vai e vem
palavra não foi feita para opressão
destino da palavra é a união.

Noemia entendeu minha decisão, sabia que não tinha sido fácil, e, ao mesmo tempo, temia cada vez mais o que poderia ocorrer se eu ficasse no Brasil, ainda mais depois de Bolsonaro vencer as eleições. Ela foi minha grande parceira, a única pessoa com quem contei para dividir tudo. Passamos a planejar minha saída do país, mas numa ansiedade absurda. As passagens e o destino estavam resolvidos, mas eu precisava encaminhar todo o resto — entregar os apartamentos de Brasília e do Rio de Janeiro, que eram alugados, cancelar a assinatura no serviço de TV a cabo, e mais uma porção de coisas.

Ninguém sabia de nada, nem minha equipe, nem o partido, nem os amigos mais próximos. Despedi-me de Noemia na calçada do Anexo 4, da Câmara. Ela me deu um abraço, em silêncio, sem saber quando a gente se encontraria de novo, e caiu no choro. Eu tentava conter minha emoção para não dar bandeira, quando senti alguém cutucar meu ombro. Era um grupo pedindo para tirar uma foto comigo.

Noemia ficou me observando com ternura, os olhos vermelhos, como quem diz "vai, meu amigo, logo tudo isso se acaba e você vai ter paz". Seu temor era que, a qualquer momento, a pretexto de tirar um retrato ao meu lado, alguém pudesse me fazer algum mal. Era um medo de tudo o tempo todo.

Noemia ficou com a incumbência de comunicar a todos sobre minha decisão, mas apenas em janeiro, depois que eu já estivesse longe. Com tanta gente envolvida, cada um teria uma opinião, alguns tentariam me convencer a ficar, e isso seria extremamente desgastante. Mas eu não poderia partir sem ao menos me despedir da minha família.

Antes do Natal, fui a Alagoinhas. A escolta policial foi junto. Passei o fim de semana na casa de Mainha, rodeado por meus irmãos e irmãs e meu sobrinho pequeno, filho de Ricardo. Eles também recebiam ameaças e compreenderam minha decisão. Mainha, na verdade, há tempos dizia a meus irmãos, mas nunca para mim, que gostaria que eu "largasse esse negócio lá da política". Tinha receio de que algo ruim me acontecesse e queria me proteger.

Na hora de partir, fizemos um esforço danado para fingir que era apenas uma despedida comum, mas foi impossível conter a choradeira. Os policiais observavam atônitos, sem entender a razão de tamanha comoção.

A princípio, eu iria sozinho para a Espanha. Meu amigo Flávio, que tinha pensado em me acompanhar, precisava cuidar da mãe. Tomar conta das mães idosas é algo comum na trajetória de homens gays, mesmo que tenham sido rejeitados por elas na infância e na adolescência. Mas na última hora, Flávio arrumou um esquema para alguém cuidar dela por alguns dias e decidiu viajar comigo.

Seria difícil contar para Flávio que eu decidira ir para não voltar. Ele provavelmente não suportaria o fato de eu estar indo embora de vez, talvez insistisse para eu mudar de ideia. Como eu faria para não dar na vista? Levei apenas o que considerei essencial, roupas para o inverno europeu, um tablet, o celular e quatro livros. Ainda assim, eram três malas, e não apenas uma, como de costume. Em tese, sairíamos juntos de férias. Mas foi penoso não poder revelar a verdade. Na penúltima noite antes de ele ir embora, tive uma crise de choro. Flávio ficou surpreso, quis saber o motivo. Atribuí a emoção a uma carta que havia recebido de Lula, que de fato havia me comovido.

O ex-presidente estava encarcerado sem provas desde o dia 7 de abril de 2018, uma decisão descaradamente fraudulenta, justamente quando liderava a corrida eleitoral para a presidência, que era provável que venceria no primeiro turno. Lula foi o melhor presidente que já tivemos em todos os tempos. Com um conjunto de políticas públicas, como o Bolsa Família e o acesso à casa própria para milhões de pessoas, produziu transformações muitíssimo positivas na sociedade brasileira.

A carta era em agradecimento após receber um exemplar do meu livro *Tempo bom, tempo ruim*,[2] que eu havia enviado a ele no cárcere com uma dedicatória:

Lula,

Pode ser que daqui a algum tempo haja tempo pra gente ser mais, muito mais que dois grandes amigos: pai e filho talvez (meu pai se foi em 2001). Lula, pode ser que daí, dessa prisão injusta, você sinta algum medo ou desesperança, mas saiba que todos os anos em que você esteve conosco e ao nosso lado (digo, dos trabalhadores, dos mais pobres, dos injustiçados, dos humilhados, das minorias), principalmente seus oito anos de governo, devem dissipar qualquer medo ou desesperança que lhe assalte nesse cárcere. Lula, eu estou tentando ficar bem, eu vou indo... Estou tentando, vivendo e pedindo com fé às justiças divinas pra você ser solto, estar livre e fazer de nosso país um lugar bom pra se viver de novo. Lula, eu não faço questão de ser tudo que você diz e espera de mim; eu tenho meus limites e sei que não suportaria o que você está suportando. Perdoe-me essa insegurança. Eu só não quero e nem vou ficar mudo quando for necessário lhe defender. Nem você nem eu estamos sozinhos. Você faz parte desse caminho que eu sigo. Te amo.

Jean

Sensível, inteligente e generoso como ele é, escreveu-me de próprio punho, expondo até mesmo os pequenos erros ortográficos da escrita à mão:

Querido Jean Wyllys.

Foi com muita alegria que recebi
o seu livro Tempo Bom, tempo Ruim
Obrigado pelas palavras escritas
no Autógrafo

Jean quero que você saiba o orgulho
de ter um Jovem como você participando
da Política, com a coragem, e ao mesmo
tempo co a Ética que poucos políticos
tem

Jean, muita tranquilidade e
pasciencia, para enfrentar esses tempos
dificeis

Eu estou convencido, que temos que
consolidar um forte enfretamento político
com o governo, e ao mesmo tempo, tratar
de organizar politicamente o nosso povo,

Muita força Jean, e não ceda nas
suas convicçoes

Pode Ter certeza que você tem
na minha pessoa um companheiro
que acredita, confia, e ame você

Abraços e boa luta
16/01/2019

Na volta ao Brasil, Noemia avisou Flávio da minha decisão. Ele ficou triste, mas compreendeu e tem me ajudado um bocado. Meu plano era ir informando as pessoas aos poucos. Na sequência, ela comunicou à liderança do PSOL, Juliano Medeiros, presidente nacional do partido, e Ivan Valente, meu colega e deputado federal. Os dois queriam ir a Barcelona, onde eu estava, para me convencer a mudar de ideia.

Ivan me ligou desesperado. Ele foi preso político na época da ditadura e me alertou que já tinha visto esse filme antes e a fita não acabava bem. Contou que muitos exilados não aguentaram o tranco e acabaram se matando. Pediu desculpas por ter negligenciado o que estava acontecendo comigo. Disse ter estranhado quando desisti de fazer parte de uma comissão criada para barrar propostas do movimento de Escola sem Partido e lamentou ter deixado passar sem ao menos me perguntar os motivos.

Eu estava destruído, só chorava. De fato, o partido, a esquerda, o Estado, ninguém percebeu a gravidade do que estava acontecendo comigo. Essa era uma luta travada por mim, junto aos meus assessores e à minha família. Ivan insistiu para eu voltar atrás e não desistir do mandato. Pediu que eu refletisse melhor e considerasse suas palavras, as palavras de um homem mais velho. Assenti, mas era apenas para desligar o telefone, minha decisão já estava tomada.

A carta para o partido e para a equipe já estavam preparadas. Faltava avisar meus eleitores.

À Executiva do Partido Socialismo e Liberdade (PSol)
Queridas companheiras e queridos companheiros,
Dirijo-me hoje a vocês, com dor e profundo pesar no coração, para comunicar-lhes que não tomarei posse no cargo de deputado federal para o qual fui eleito no ano passado.

Comuniquei o fato no início desta semana ao presidente do nosso partido, Juliano Medeiros, e também ao líder de nossa bancada, deputado Ivan Valente.

Tenho orgulho de compor as fileiras do PSol, ao lado de todas e todos vocês, na luta incansável por um mundo mais justo, igualitário e livre de preconceitos.

Tenho consciência do legado que estou deixando ao partido e ao Brasil, especialmente no que diz respeito às chamadas "pautas identitárias" (na verdade, as reivindicações de minorias sociais, sexuais e étnicas por cidadania plena e estima social) e de vanguarda, que estão contidas nos projetos que apresentei e nas bandeiras que defendo; conto com vocês para darem continuidade a essa luta no Parlamento.

Não deixo o cargo de maneira irrefletida. Foi decisão pensada, ponderada, porém sofrida, difícil. Mas o fato é que eu cheguei ao meu limite. Minha vida está, há muito tempo, pela metade; quebrada, por conta das ameaças de morte e da pesada difamação que sofro desde o primeiro mandato e que se intensificaram nos últimos três anos, notadamente no ano passado. Por conta delas, deixei de fazer as coisas simples e comuns que qualquer um de vocês pode fazer com tranquilidade. Vivo sob escolta há quase um ano. Praticamente só saía de casa para ir a agendas de trabalho e aeroportos. Afinal, como não se sentir constrangido de ir escoltado à praia ou a uma festa? Preferia não ir, me resignando à solidão doméstica. Aos amigos, costumava dizer que estava em cárcere privado ou prisão domiciliar sem ter cometido nenhum crime.

Todo esse horror também afetou muito a minha família, de quem sou arrimo. As ameaças se estenderam também a meus irmãos, irmãs e à minha mãe. E não posso nem devo mantê-los em situação de risco; da mesma forma, tenho obrigação de preservar minha vida.

Ressalto que até a imprensa mais reacionária reconheceu, no ano passado, que sou a personalidade pública mais vítima de fake news no país. São mentiras e calúnias frequentes e abundantes que objetivam me destruir como homem público e também como ser humano. Mais: mesmo diante da Medida Cautelar que me foi concedida pela Comissão Interamericana de Direitos Humanos, da OEA, reconhecendo que estou sob risco iminente de morte, o Estado brasileiro se calou; no recurso, não chegou a dizer sequer que sofro preconceito, e colocaram a palavra homofobia entre aspas, como se a homofobia que mata centenas de LGBTs no Brasil por ano fosse uma invenção minha. Da polícia federal brasileira, para os inúmeros protocolos de denúncias que fiz, recebi o silêncio.

Esta semana, em que tive convicção de que não poderia, para minha saúde física e emocional e de minha família, continuar a viver de maneira precária e pela metade, foi a semana em que notícias começaram a desnudar o planejamento cruel e inaceitável da brutal execução de nossa companheira e minha amiga Marielle Franco. Vejam, companheiras e companheiros, estamos falando de sicários que vivem no Rio de Janeiro, estado onde moro, que assassinaram uma companheira de lutas, e que mantém ligações estreitas com pessoas que se opõem publicamente às minhas bandeiras e até mesmo à própria existência de pessoas LGBT. Exemplo disso foi o aumento, nos últimos meses, do índice de assassinatos de pessoas LGBTs no Brasil.

Portanto, volto a dizer, essa decisão dolorosa e dificílima visa à preservação de minha vida. O Brasil nunca foi terra segura para LGBTs nem para os defensores de direitos humanos, e agora o cenário piorou muito. Quero reencontrar a tranquilidade que está numa vida sem as palavras medo, risco, ameaça, calúnias, insultos, insegurança. Redescobri essa vida no recesso parlamentar, fora do país. E estou certo de que preciso disso por mais tempo, para continuar vivo e me fortalecer. Deixar de tomar posse; deixar o Parlamento para não ter que estar sob ameaças de morte e difamação não significa abandonar as minhas convicções nem deixar o lado certo da história. Significa apenas a opção por viver por inteiro para me entregar a essas convicções por inteiro em outro momento e de outra forma.

Diz a canção que cada ser, em si, carrega o dom de ser capaz e ser feliz. Estou indo em busca de um lugar para exercitar esse dom novamente, pois aí, sob esse clima, já não era mais possível.

Agradeço ao Juliano e ao Ivan pelas palavras de apoio e outorgo ao nosso presidente a tarefa de tratar de toda a tramitação burocrática que se fará necessária.

Despeço-me de vocês com meu abraço forte, um salve aos que estão chegando no Legislativo agora e à militância do partido, um beijo nos que conviveram comigo na Câmara, mais um abraço fortíssimo nos meus assessores e assessoras queridas, sem os quais não haveria mandato, esperando que a vida nos coloque juntos novamente um dia. Até um dia!

Jean Wyllys
23 de janeiro de 2019

Dei uma entrevista para o jornalista Carlos Juliano Barros, que fizera um documentário[3] sobre minha trajetória, comunicando sobre meu autoexílio, explicando os motivos e alertando sobre o estado de coisas no Brasil. Expliquei que também pesou na minha decisão a relação do clã Bolsonaro com as milícias do Rio de Janeiro, que a cada dia ficava ainda mais evidente.[4]

Bolsonaro elogiou em várias ocasiões a atuação dessas organizações criminosas, mesmo sabendo que constituíam uma espécie de máfia ou poder paralelo. O filho mais velho do presidente, hoje senador, Flávio Bolsonaro, contratou no seu gabinete na Assembleia Legislativa do Rio de Janeiro a esposa e a mãe de um ex-policial militar, comandante do maior grupo de matadores de aluguel da cidade, formado por milicianos. A família Bolsonaro não expressou qualquer solidariedade quando da execução de Marielle Franco. Flávio fez um tuíte protocolar de solidariedade que apagou no dia seguinte.

Como diz meu correligionário Guilherme Boulos, tem caroço nesse angu. E bota angu.

Tenho acompanhado em Berlim o desenrolar da história. No início de março de 2019, foram presos dois suspeitos do atentado que tirou a vida de Marielle Franco e de Anderson Gomes. Ronnie Lessa, que puxou o gatilho, é policial militar reformado. Élcio de Queiroz, que dirigia o carro de onde partiram os disparos, é ex--PM. Queiroz tem foto ao lado de Bolsonaro. Na casa de Lessa, que fica no mesmo condomínio de luxo na Barra da Tijuca onde Bolsonaro residiu até assumir a presidência, a polícia encontrou 117 fuzis. Lessa confessou ser o dono das peças, o que demonstra que essa pessoa está ligada ao tráfico de armas no Rio de Janeiro. Além disso, sua filha namorou Jair Renan, o caçula da prole do nosso excelentíssimo presidente.

Como os órgãos de inteligência, a Polícia Federal e o ministro da Justiça, Sérgio Moro, não sabiam disso? Mesmo depois de Bolsonaro ter sido atacado na campanha, essas instituições não se preocuparam com os riscos que ele corria vivendo a poucos metros de um assassino e traficante de armas?

Só sei que até agora ninguém respondeu o principal: Quem mandou matar Marielle, e por quê?

Bolsonaro foi eleito fazendo o gesto de arminha na mão, alardeando que "bandido bom é bandido morto", mas acho que "bandido" para o presidente e seus asseclas são os pretos e pobres, não o miliciano que mora em condomínio de luxo na Barra da Tijuca e guarda um arsenal em casa, não é mesmo?

Quem sabe Marielle não acabe derrubando o governo Bolsonaro. Concreta — pelas provas que surgem da ligação de sua família com as milícias, organização criminosa de onde saíram os sicários que a fuzilaram — e simbolicamente, pois seu espectro poderoso de mártir das minorias virá assombrá-lo, reivindicando reparação pelos males causados contra nós.

No dia 24 de janeiro de 2019, a *Folha de S.Paulo* publicou a notícia de que eu deixaria o Brasil e abriria mão do mandato por medo das ameaças.[5] Era uma quinta-feira de céu fechado e muito frio, eu estava sozinho em Madri. Não havia ninguém para dividir tudo aquilo comigo. Sentia as incertezas de ter que começar uma nova vida do zero, sem saber ao certo o que fazer, sem dinheiro, dependendo da ajuda de amigos. Aos poucos, meu telefone começou a tocar e apitar com mensagens solidárias via WhatsApp, redes sociais e e-mail. Levei semanas para ler e responder cada uma.

Recebi apoio até de pessoas que eu não imaginava que pudessem se solidarizar comigo, como do presidente da Câmara, Rodrigo Maia, do vice-presidente Hamilton Mourão e do senador Renan Calheiros. Já o clã Bolsonaro, como era de se esperar, comemorou. Comportou-se como sempre, tratando-me como inimigo e não como adversário político. O vereador Carlos Bolsonaro (PSC-RJ), filho do presidente, escreveu no Twitter: "Vá com Deus e seja feliz!". O capitão postou em rede social "Grande dia!".[6] Um presidente da República, supostamente, deve cuidar da população do seu país, mas ele trata os 58 milhões de pessoas que não votaram nele como inimigos.

Minha decisão de deixar o país para preservar minha vida gerou uma comoção no Brasil e repercutiu internacionalmente. Recuperei a liberdade sem abandonar o ativismo. Meu ato foi também um recado político ao mundo. Desde então, tenho alertado sobre o esgarçamento da nossa democracia e a violação de direitos humanos no novo governo. E é esse o sentido que tento dar ao meu afastamento, em nome dos que aí ficaram e estão ameaçados.

Assim, a última carta que escrevi para Lula resume o sentimento do exílio:[7]

Meu querido, meu velho, meu amigo,

Difícil iniciar esta carta lhe perguntando se você está bem ou desejando que essas palavras lhe encontrem bem. Difícil porque sei que, por mais forte e resistente que você seja às injustiças e às dores que lhe foram infligidas ao longo desses anos, nada pode estar bem ou bom na situação em que você se encontra. Sua altivez e dignidade quando em público não mudam o fato de que você é um senhor idoso, com mais de setenta anos, que não oferece qualquer risco à sociedade brasileira, logo, de que sua prisão contraria todos os princípios de justiça e empatia, mesmo que ela estivesse baseada em provas e num processo condizente com um estado democrático de direito, coisa que sabemos que não está.

Para qualquer pessoa de bom senso, no Brasil e no mundo (e eu tenho corrido o mundo, meu querido), não faz qualquer sentido você estar preso — sem provas e por sentenças escancaradamente fraudulentas [...]. Escrevo-lhe esta carta, meu velho, porque amanhã essa sua prisão injusta faz aniversário. Há um ano você é um preso político, retirado fisicamente da cena pública.

Escrevo-lhe esta carta do exílio que me impus para escapar da morte violenta que me rondava aí. Sabe, Lula — e seguramente você deve saber, porque tem amigos que foram exilados durante os anos terríveis da ditadura civil-militar no Brasil —, o exílio não é nada fácil. É uma "longa insônia", como já disse o escritor francês Victor Hugo. Eu direi que é um "não lugar", para citar outro francês, o filósofo Marc Augé. No exílio, estamos permanentemente a caminho, numa estrada sem retorno à vista e cujo fim não se pode vislumbrar. Trata-se de um salto interminável de um lado para outro a que não se chega, e com o abismo a nos espreitar baixo. O exílio é um além, meu amigo.

Contudo, o exílio é melhor que a prisão. Esse além ainda pode ser uma vida em liberdade espacial. O salto pode ser sentido e visto como um voo. Pode-se aproveitar a paisagem do interminável caminho que ele é. E é esse o sentido que tenho dado ou tentado dar ao meu exílio, em nome dos que aí ficaram e estão ameaçados. Em cada espaço que se abre para mim na Europa, nos Estados Unidos, no Canadá e em países da América Latina, eu tenho apontado para a nuvem de gafanhotos que paira sobre — e já devora — a nossa democracia ainda em broto; tenho denunciado sua prisão arbitrária e gritado "Lula livre!", colando adesivos em postes, e tenho tornado presente a memória de nossa saudosa Marielle Franco, exigindo que se descubra quem mandou matá-la.

Muitos têm me acompanhado, Lula. Você não está só! E o propósito dessa carta é o de lhe dizer isso. Ainda que todos no Brasil e no mundo o esqueçam — algo impossível, porque você já é história e vive na dignidade de cada pobre, preto, preta, favelado, periférico, gay, lésbica, travesti, evangélico, católico, judeu, umbandista, indígena, camponês, operário e trabalhador informal conquistada durante e por causa de seus governos, mesmo que estes não tenham consciência e até lhe sejam ingratos, insultando-o nas redes sociais —, ainda que isso aconteça, eu estarei com você, não importa o preço que eu tenha que pagar por isso. Não tenho medo da impopularidade. E a gratidão e a bondade são algumas das minhas virtudes, entre meus muitos defeitos.

Desde 1989, eu o vejo como o pai que meu pai poderia ter sido. Seguramente você teria, a princípio, algum problema com minha homossexualidade, como o meu pai teve, mas, certamente, superaria isso e me amaria como sempre e me protegeria dos horrores da homofobia. De alguma maneira, Lula, eu segui seus passos a partir de então. E desde que meu pai se foi deste mundo, em 2001, você é a referência paterna em minha vida.

Outro dia, andando sozinho pela madrugada fria da Berlim iluminada e quase vazia, com os fones de ouvido e o iMusic (você sabe o que é isso? É uma espécie de caixa de músicas do celular) em modo aleatório, chegou-me uma canção de Roberto Carlos cujos versos me tocam profundamente. Porque me falam de meu pai e mais ainda de você, meu querido.

"Esses seus cabelos brancos bonitos; esse olhar cansado profundo, me dizendo coisas num grito; me ensinando tanto do mundo; e esses passos lentos de agora, caminhando sempre comigo, já correram tanto na vida, meu querido, meu velho, meu amigo [...]."

Eu quero é te ver livre, guerreiro.

Te amo.

Jean Wyllys

A partir

Berlim, além de ser uma cidade com tradição no acolhimento de políticos e artistas expatriados, tem um instituto de estudos latino--americanos onde pretendo cursar doutorado, me comunicando em espanhol. Afinal, a vida é muito curta para aprender alemão, já dizia o escritor irlandês Oscar Wilde. Minha ideia é estudar o fenômeno das fake news e como os discursos de ódio proferidos por políticos e autoridades religiosas afetam a vida das minorias e os processos eleitorais.

Apesar de defender as liberdades individuais, não consegui usufruir plenamente delas. Desde que assumi meu primeiro mandato, andar sem ser patrulhado se tornou cada vez mais difícil. Se ia a uma sauna gay, me olhavam como se eu fosse uma freira num puteiro. Adoro dançar, mas fui perdendo o rebolado. Mal pisava na pista das boates e os frequentadores começavam a me filmar e postar na internet. O resultado é que eu vivia me policiando.

Acalentei durante anos o desejo de ter um filho, mas deixava em suspenso. Queria ser um pai presente e não simplesmente delegar a rotina do dia a dia da criança a uma babá. Ser pai com a vida que levo é quase impossível. Onde é a minha casa? Difícil dizer. Tenho vivido com uma mala na mão, descendo e subindo de aviões. Sou de todos os lugares e de lugar nenhum. Adoro Alagoinhas e Salvador, mas não me vejo morando outra vez nessas cidades. Amo o Rio de Janeiro, mas este baiano aqui nunca se sentiu um carioca da gema. São Paulo é incrível e familiar, mas não me encontro completamente na metrópole. Apesar da minha resistência inicial a Brasília e de ter uma vida social restrita, aprendi a gostar de lá, mas me sentia passageiro na capital federal.

Agora sou um expatriado, seja na Alemanha ou nos países onde tenho sido convidado para dar palestras. Sei que minhas raízes estão dentro de mim e que as levo aonde for, mas isso é um duro aprendizado. De certa forma, nós, LGBTs, transviados, fora dos padrões considerados "normais" pela sociedade, somos estrangeiros em qualquer canto: na nossa pele, na nossa casa, na nossa cidade, no nosso país.

Além de estar sempre em trânsito, nunca me imaginei como pai solo. A verdade é que vivo solteiro a maior parte do tempo. Sou um gay público, é impossível estar comigo e permanecer no armário. Brinco que sou feito brasa viva, queimo qualquer filme. Orgulhoso de minha orientação sexual, quero um companheiro que também viva às claras. Os raros namoros que tive nos últimos anos duraram pouco.

Cheguei até a fazer planos de gerar um filho biológico com Drica, minha amiga desde os tempos do colégio interno. Mas ela se apaixonou por um cara em São Paulo e os dois tiveram uma filha, Hanna. A relação entre eles durou pouco, e logo Drica voltou para Salvador para morar com Hanna em minha casa. Dei guarida a elas, claro, e quando foi chegando a data de aniversário de Hanna, eu e meus amigos gays nos empenhamos em organizar uma comemoração com tudo a que ela tinha direito: cachorro-quente, balões coloridos, docinhos, enfeites e lembrancinhas.

Filmamos a festa e Drica mostrou o vídeo para a família quando foi visitá-los. Ao retornar, veio com o seguinte papo:

— Jean, minha mãe me perguntou se eu acho certo criar a Hanna no meio de tantos gays. Ela acha que não é muito saudável para uma criança, e eu fiquei preocupada.

Foi um golpe para mim. Num misto de tristeza e revolta, perguntei:

— Drica, você se deu conta do que está me dizendo?

Nem minha amiga mais próxima estava livre de preconceitos. Sei que seu comentário não foi por maldade, mas esse tipo de cena acontece a torto e a direito, inclusive entre nossos amigos esclarecidos. É preciso encarar o preconceito para superá-lo.

Éramos uma família. Aos domingos, costumávamos ir de ônibus até o Porto da Barra, carregados de baldinhos para Hanna construir castelos de areia. Numa dessas viagens, reencontrei Alan, por quem nutri uma paixão platônica durante anos. Nós estudamos na mesma escola em Alagoinhas, além de fazer parte do mesmo grupo de teatro, o Brecha.

Ao vê-lo ali na praia, depois de tanto tempo, senti novamente aquele amor juvenil. No final do dia, ele voltou com a gente para a minha casa. Fui preparar uma macarronada e ao retornar à sala dei de cara com Drica e Alan aos beijos. Foi um baque. Com a panela pelando na mão, observei a cena calado, sentindo-me o pior dos miseráveis. Mas a sensação de tristeza logo se dissipou. Afinal, eu havia proporcionado o encontro entre duas pessoas que amo muito. Resumo da ópera: os dois se apaixonaram, casaram e tiveram dois filhos, além da Hanna, que Alan criou como se fosse sua. Fui padrinho da união, além de ter batizado um dos meninos.

Seguimos amigos, todos vivendo em Salvador. Um dia, Drica me ligou dizendo que Alan tinha um assunto importante para tratar comigo. Fomos então a uma pizzaria e só na volta Alan tocou no assunto. Contou que havia participado de um exercício teatral em que foi instado a relatar um arrependimento, algo que deixara de viver por puro medo.

— Lembra daquele Ano-Novo em Alagoinhas, quando éramos adolescentes e ficamos conversando até às quatro da manhã? — Alan me perguntou, sob o chuvisco que começava a cair.

Era meu último Réveillon na cidade antes de ir embora para o colégio interno. Rompi a meia-noite com minha família e me mandei para uma festa na casa de Tina, onde estava todo o pessoal do teatro. Aos poucos, nossos amigos foram embora e até a dona da casa se recolheu. Nós dois permanecemos ali, conversando e rindo, até a madrugada. Ele era lindo e muito inteligente. Mas nunca nada aconteceu entre nós.

— Claro que lembro daquela noite — respondi.

— Pois então — continuou Alan, caminhando ao meu lado enquanto Drica seguia à frente. — Eu sabia que você gostava de mim e me preparei, pensando que passaríamos a noite juntos.

A primeira sensação que tive foi de ter perdido algo que tinha desejado muito. Talvez fosse melhor eu morrer sem nunca saber disso. Ao mesmo tempo, eu era grato. Alan é hétero e poderia ter se arrependido no dia seguinte. Nós não seríamos amigos ainda hoje e, mais importante, talvez Alan e Drica não tivessem construído uma família tão linda. Falei tudo isso a ele, dei-lhe um forte abraço e, então, apertamos o passo para fugir da chuva, àquela altura caudalosa.

Alguns anos mais tarde, Alan e Drica se separaram, mas como canta Milton Nascimento em "Paula e Bebeto", "eles partiram por outros assuntos/ muitos, mas no meu canto estarão sempre juntos". Alan se casou novamente, e Drica, por incrível que pareça, está namorando com uma mulher. Isso diz muito sobre os arranjos familiares possíveis.

A identidade sexual não depende da prática sexual. Um homem ou uma mulher heterossexual pode perfeitamente ter experiências homossexuais ao longo da vida, mas não se perceber como homossexual. O mesmo vale para uma pessoa homossexual. Às vezes fico com mulheres, mas, mesmo assim, minha orientação é homossexual. A orientação sexual é um sentimento de si, um pertencimento, uma ancoragem do ser, como diz a psicanalista Suely Rolnik.[1] O amor e o desejo vivem em terreno dinâmico.

Como se fôssemos barcos. Alguns se ancoram em um porto e aí permanecem a vida toda, porque se sentem confortáveis e plenos. Outras embarcações passeiam por bandas diferentes, mas sempre retornam para seu porto seguro, seu lugar de pertencimento. Há barcos que preferem se deslocar permanentemente de baía em baía, sem porto de preferência. Há, ainda, embarcações que enferrujam paradas no mesmo lugar. Com desejo, mas medo de navegar por terras desconhecidas, passam a vida a maldizer todos os barcos que ousaram seguir viagem em busca de um porto que lhes faça mais feliz.

Há muitas possibilidades de gênero, orientação sexual e arranjos familiares. Querer nos limitar é deixar de fora muitas maneiras de existir. Creio que, no futuro, o trânsito de barcos pelas águas da sexualidade será mais amplo e tranquilo. Chegará um dia em que ser gay, trans, bi, lésbica ou hétero simplesmente não será uma questão.

Mas, por ora, isso ainda é uma utopia. Avançamos bastante em várias searas, mas, mesmo assim, é preciso ficar atento. Apesar de o número de parlamentares mulheres, negros, e LGBTs ter crescido em 2018, os cargos de poder ainda são ocupados predominantemente por homens brancos.

No governo Bolsonaro, líderes de igrejas evangélicas e partidos ligados a elas estão sempre montando estratégias para se fortalecer e defender agendas cada vez mais conservadoras. Forças contrárias ao desenvolvimento do mundo permanecem de tocaia e ameaçam retirar direitos conquistados, como proibir abortos em caso de estupro, dizer que homossexualidade é doença ou definir família apenas como a união entre homem e mulher.

No último ano, minha vida virou do avesso. De lá para cá, as condições só pioraram. Ainda tenho um resto de amargura. Sou alegre... sou ou era? Já não sei. Tudo mudou. Eu costumava viver de braços abertos. Lembro de um dia em que cruzei com uma senhora na rua, poderia ser minha mãe, nossos olhos se encontraram e eu sorri para ela. "Está rindo do quê, seu pedófilo?", ela respondeu.

Voltando ao plano de ter filhos, é difícil reconhecer, e eu choro quando penso nisso, mas o fato é que desisti do projeto de ser pai. Não por falta de desejo mas, aos 45 anos, não sei se terei tempo suficiente para me dedicar à criação de uma criança. É tudo muito novo ainda. Aos poucos, estou organizando minha rotina. Vocês nem imaginam o prazer de andar nas ruas sem ser achincalhado, uma coisa simples que eu havia perdido. Mesmo com saudades, estou mais feliz, mais gordo até! Quem sabe um amor apareça?

Onde será que você mora
Em que língua me chama
Em que cena da vida
Haverá de comigo cruzar.[2]

Meu irmão Ricardo teve um filho e colocou Wyllys no seu nome, em minha homenagem. Drica e eu tínhamos um mantra: deixar crianças melhores para o mundo, não apenas um mundo melhor para as crianças. Sigo firme, mas apenas com a segunda parte da sentença. Nunca cogitei abandonar a luta e tenho feito o possível para defender a democracia contra os abusos e desgovernos das pessoas que foram eleitas.

O avanço da extrema direita não é um fenômeno exclusivo do Brasil. É só ver a vitória do republicano Donald Trump nas eleições presidenciais americanas, em 2016, ou a retórica contra a imigração e a integração na União Europeia, que levou a maioria dos eleitores ingleses a decidir a favor do Brexit. Todos esses eventos contaram com a participação de Steve Bannon, cuja principal estratégia é divulgar fake news e material misógino, xenófobo e racista, interpelando preconceitos já existentes nas pessoas. Não por acaso, Bannon foi uma espécie de conselheiro informal da campanha de Bolsonaro.

Pode ser que demore mais do que a gente gostaria, mas esse estado geral de distopia uma hora vai acabar. Não há noite que dure para sempre, por mais longa que seja. A ditadura militar durou 21 anos e passou. Bolsonaro nega que tenha havido um golpe militar em 1964, atribui aos próprios negros a responsabilidade pelo tráfico de escravos e garante que o nazismo foi um movimento de esquerda. Não sei quanto Bolsonaro vai durar, mas ele também vai passar.

Em Alagoinhas, no Baixo da Candeia, miúdo, eu sentava no alto da ladeira e sonhava com um futuro melhor do lado de lá. Depois de tudo que vivi, seria incoerente duvidar do menino que fui.

Agradecimentos

Há muita gente para agradecer. Minha história até aqui foi construída com a ajuda de minha família (minha mãe, meu pai que já se foi há algum tempo, meus irmãos, tias e tios, primos e primas); das professoras e professores que me ensinaram tanto; das minhas amigas e dos meus amigos que permanecem ou já se foram; das pessoas que apenas cruzaram meu caminho e seguiram ao meu lado por algum tempo; das e dos colegas de trabalho; das companheiras e dos companheiros das lutas políticas; dos que se colocaram como meus adversários; e, por fim, minha história foi construída também com a colaboração dos que compartilharam da minha "úmida intimidade". Citar algumas dessas pessoas nominalmente seria cometer uma injustiça com as demais, já que todas foram importantes na edificação do que sou, cada uma a seu modo e em seu tempo e espaço. Obrigado, a todas e todos vocês!

Lilia e Luiz Schwarcz e Daniela Duarte, agradeço muito o acolhimento dessa história e o estímulo para que eu a contasse.

Adriana Abujamra, obrigado pela escuta e pela organização das muitas histórias, ideias e reflexões que lhe apresentei.

Esta história é nossa!

Notas

ALAGOINHAS [pp. 13-28]

1. Rodrigo Barreto, Robson G. Rodrigues, "Criança de 8 anos desmaia de fome em escola pública no Cruzeiro". *Correio Braziliense*, Brasília, 17 nov. 2017.

2. Metade dos trabalhadores com menores rendimentos recebe, em média, R$ 754, enquanto o 1% com os maiores rendimentos ganha, em média, R$ 27 213, ou seja, 36,1 vezes mais. Esses dados foram divulgados em 2018 pelo IBGE (Instituto Brasileiro de Geografia e Estatística) e fazem parte da pesquisa *Rendimento de todas as fontes*, um extrato da Pnad (Pesquisa Nacional por Amostra de Domicílios). De acordo com o IBGE, a região Nordeste teve, mais uma vez, o pior indicador de desigualdade da renda: 44,9 vezes, muito acima da razão de 39,9 do ano anterior.

3. Luiz Gonzaga, "ABC do sertão", 1953.

4. Zé Vicente, "Pai-Nosso dos mártires".

5. Carlos Drummond de Andrade, "José", em *Antologia poética*. São Paulo: Companhia das Letras, 2012.

CARTAS NA MESA [pp. 29-35]

1. "Homofobia no esporte: Relembre declarações desastradas de atletas", *O Globo*, Rio de Janeiro, 24 fev. 2016.

2. "Brian Anderson on Being a Gay Professional Skateboarder", *Vice Sports*, 27 set. 2016. Disponível em: <www.youtube.com/watch?v=5ZU5K3y7QhU>. Acesso em: 3 maio 2019.

3. João Roberto Kelly e Roberto Faissal, "Cabeleira do Zezé", 1964.

4. "'Sou viado com orgulho', diz Jean Wyllys em dia do Orgulho LGBT", *Esquerda Diário*, 29 jun. 2017. Disponível em: ‹www.esquerdadiario.com.br/Sou-viado-com-orgulho-diz-Jean-Wyllys-em-dia-do-Orgulho-LGBT›. Acesso em: 11 maio 2019.

NO DIA EM QUE EU VIM-ME EMBORA [pp. 36-51]

1. Jean Carlo, *Um cego chamado Jean*. Rio de Janeiro: Shalom Livraria, 1977, (série Depoimento).

2. Ver Caliandra Segnini, "Casal gay é espancado com pá após abraço e alega homofobia: 'bichinhas'". *G1*, São Carlos, 15 mar. 2017; e Mariana Tokarnia, "Mais de um terço de alunos LGBT sofreram agressão física na escola, diz pesquisa". *Agência Brasil*, Brasília, 22 nov. 2016.

3. Com Clécia Queiroz, Wagner Moura e Nadja Turenko. Direção de Fernando Guerreiro. Estreou no teatro do Sesi, em Salvador, em 1997.

4. Ver Luisa Bustamante, Maria Clara Vieira e Rita Loiola, "Cotas? Melhor tê-las". *Veja*, 23 ago. 2017. Disponível em: ‹https://veja.abril.com.br/revista-veja/cotas-melhor-te-las-2/›. Acesso em: 19 abr. 2017.

5. Editado pela Casa da Palavra, do Rio de Janeiro.

6. Trecho da canção "Naquela mesa", de Sérgio Bittencourt, imortalizada na voz de Nelson Gonçalves.

SOMOS MILHÕES, E NÃO SOMOS FRACOS [pp. 52-70]

1. Jean Wyllys, *Relatos infames? Narrativas de presidiários e registros jornalísticos sobre a chacina do Carandiru*, Salvador, UFBA, 2003, dissertação de mestrado.

2. *Big Brother Brasil* é a versão brasileira do reality show *Big Brother*, criado por John de Mol, cuja primeira temporada mundial foi realizada em 1999.

3. Renato Janine Ribeiro, "Um intelectual no *Big Brother?*". AOL, 28 mar. 2005.

4. Arnaldo Antunes, "Velhos e jovens".

5. James Green e Renan Quinalha (Orgs.), *Ditadura e homossexualidades: Repressão, resistência e a busca da verdade*. São Carlos: EdUFSCar, 2014.

6. Sobre a história da homossexualidade no Brasil, leiam João Silvério Trevisan, *Devassos no paraíso*. Rio de Janeiro: Objetiva, 2018.

7. *Lampião da Esquina*, Rio de Janeiro, ano 2, n. 14, jul. 1979.

8. A fala original utilizada pela esquerda durante a ditadura era: "Abaixo a repressão! Mais arroz e mais feijão".

9. Sobre o evento, leia o artigo de James N. Green, "'Abaixo a repressão, mais amor e mais tesão', uma memória sobre a ditadura e o movimento de gays e lésbicas de São Paulo na época da abertura". *Acervo*, Rio de Janeiro, v. 27, n. 1, pp. 53-82, jan.-jun. 2014.

10. Atualmente, os estudiosos apontam quatro faces da aids: a pauperização da doença (hoje a aids atinge pessoas pobres que só descobrem que estão infectadas pelo HIV quando chegam ao hospital já doentes); a feminilização da doença (no início da epidemia, eram trinta homens infectados para uma mulher, hoje a proporção é de um para um); interiorização da doença (migrou dos centros urbanos, onde ela estava concentrada, para o Brasil profundo); a população de homens jovens gays voltou a ser o grupo preferencial (porque há algo de errado na política de prevenção à aids e nós precisamos fazer esse diagnóstico). Ver Biblioteca Virtual em Saúde, Ministério da Saúde, 1999. Disponível em: <http://bvsms.saude.gov.br/bvs/publicacoes/aids_pauperizacao1.pdf>. Acesso em: 30 abr. 2019; e Caio Faheina e Mílibi Arruda, "Jovens adultos são o rosto do HIV e da aids no Brasil". *O Estado de S. Paulo*, Capitu, São Paulo, 11 dez. 2018.

FLERTE COM A POLÍTICA [pp. 71-3]

1. Ricardo Senra, "Aborto já é livre no Brasil. Proibir é punir quem não tem dinheiro". *BBC Brasil*, 2 fev. 2016. Disponível em: <http://www.bbc.com/portuguese/noticias/2016/02/160201_drauzio_aborto_rs>. Acesso em: 13 maio 2019.

2. Essa e outras histórias estão no artigo de Adriana Abujamra, "A bancada de um homem só". *Piauí*, n. 110, nov. 2015. Disponível em: <https://piaui.folha.uol.com.br/materia/bancada-de-um-homem-so/>. Acesso em: 30 abr. 2019.

ESTREIA NO CONGRESSO [pp. 77-101]

1. Ver Luiza Carla Ribeiro e Simone A. Tuzzo, "Jesús Martín-Barbero e seus estudos de mediação na telenovela". *comum & Inf*, v. 16, n. 2, pp. 39-49, jul.-dez. 2013. Trabalho desenvolvido no projeto de pesquisa Rupturas Metodológicas para uma Leitura Crítica da Mídia, realizado entre os programas de pós-graduação da Universidade Federal de Goiás (UFG) e da Universidade Federal do Rio de Janeiro (UFRJ), que integra a ação transversal n. 06/2011 — Casadinho/Procad.

2. *Amor à Vida* foi uma telenovela brasileira escrita por Walcyr Carrasco, produzida pela Rede Globo e exibida entre 2013 e 2014.

3. O primeiro beijo gay na televisão foi entre Vida Alves e Geórgia Gomide, no teleteatro *A Calúnia*, apresentado em 1963 pela TV Tupi. Ver "A atriz que deu o primeiro beijo — e o primeiro beijo gay — na TV brasileira". *BBC Brasil*, 19 dez. 2016. Disponível em: ‹www.bbc.com/portuguese/geral-38339593›. Acesso em: 14 maio 2019. Em 1990, a TV Manchete exibiu um beijo entre dois homens na minissérie *Mãe de Santo* e, em 2011, o SBT mostrou o beijo gay mais longo, na novela *Amor e Revolução*.

4. Vandson Lima e Cristiane Agostine, "Marta Suplicy desiste de concorrer ao Senado e abandona a política". *Valor Econômico*, 3 ago. 2018; Adriana Abujamra, "A bancada de um homem só", op. cit.

5. Ibid.

6. Além de muitas pessoas optarem por não declarar sua identidade de gênero ou orientação sexual em pesquisas, esse é um número defasado. Somente no final de 2016 o IBGE anunciou que incluiria a opção de se declarar LGBT na Pesquisa Nacional por Amostragem de Domicílio (Pnad).

7. Fernanda Calgaro, "Por unanimidade, Conselho de Ética arquiva processo contra Jean Wyllys". *G1*, Brasília, 8 mar. 2016.

8. Ver "Deputado é flagrado vendo pornô no Plenário". *Veja*, 28 maio 2015.

9. Ver PL nº 771/2011, de autoria de Jean Wyllys, Rogério Carvalho (PT-SE) e Romário (PSB-RJ), que dispõe sobre a inserção de pessoas com deficiência no mercado de trabalho formal.

10. Ver PL nº 2669/2011 (apensado ao PL nº 1606/2011, de autoria do Marçal Filho, do PMDB-MS), que dispõe de diretrizes para o tratamento de doenças raras no âmbito do SUS.

11. Desde então, a situação não melhorou. Em 2016, segundo a Pesquisa Nacional sobre o Ambiente Educacional no Brasil, 60,2% dos jovens se sentiam inseguros em suas escolas por causa de sua orientação sexual, e quase um terço (31,7%) dos estudantes LGBT afirmaram ter faltado às aulas pelo menos um dia no último mês porque se sentiam inseguros ou constrangidos.

12. Wellington Hanna e Thaís Cunha, "Discriminação rouba de transexuais o direito ao estudo". *Correio Braziliense*, Brasília, [s.d.]. Disponível em: ‹http://especiais.correiobraziliense.com.br/violencia-e-discriminacao-roubam-de-transexuais--o-direito-ao-estudo›. Acesso em: 14 maio 2019.

13. Ver "Bolsonaro critica 'kit gay' e diz querer 'mudar alguma coisa' na Câmara". *G1*, 1 fev. 2011; "'Ter filho gay é falta de porrada', diz Bolsonaro". *Geledés*, 7 mar. 2017; e Ana Pompeu, "As frases polêmicas de Jair Bolsonaro". *Congresso em Foco*, 5 ago. 2017.

14. "Governo não fará 'propaganda de opção sexual', diz Dilma sobre kit". *G1*, 26 maio 2011.

15. Em 2009, o Ministério Público do Rio Grande do Sul acusou o pastor de obter vantagem ilícita na simulação de um contrato. Depois que se tornou deputado, por conta do foro privilegiado, a ação penal foi enviada ao STF, que absolveu Feliciano. Ele também foi denunciado pelo Ministério Público Federal, alegando crime previsto no artigo 20 da lei nº 7716/98, por ter publicado em 2011, no Twitter, que "a podridão dos sentimentos dos homoafetivos leva ao ódio, ao crime, à rejeição". O STF rejeitou a denúncia em agosto de 2014.

16. "Deputado federal diz no Twitter que 'africanos descendem de ancestral amaldiçoado'". *Uol*, 31 mar. 2011. Disponível em: ‹https://noticias.uol.com.br/politica/ultimas-noticias/2011/03/31/deputado-federal-diz-no-twitter-que-africanos-descendem-de-ancestral-amaldicoado.htm›. Acesso em: 14 maio 2019.

17. Disponível em: ‹www.youtube.com/watch?v=-zPRBw1z0-o›. Acesso em: 14 maio 2019.

18. Charles Nisz, "Marco Feliciano: 'A aids é o câncer gay'". *Yahoo Notícias*, 21 set. 2012.

19. Disponível em: ‹www.youtube.com/watch?v=TF7yZ9Yz64s›. Acesso em: 14 maio 2019; Ruth de Aquino, "Será que Feliciano é, no fundo, um enrustido?". *Época*, 26 nov. 2013.

20. Paulo Coelho, "Da culpa e do perdão". Disponível em: ‹www.academia.org.br/artigos/da-culpa-e-do-perdao›. Acesso em: 15 maio 2018.

21. Pode-se acessar o documento na íntegra, em português, em: ‹www.onu.org.br/img/2014/09/DUDH.pdf›. Acesso em: 14 maio 2019.

22. Citado em Christina Vidal e Paulo Victor Leite Lopes, *Religiões e política: Uma análise da atuação dos parlamentares evangélicos sobre direitos das mulheres e LGBTs no Brasil*. Rio de Janeiro: Instituto de Estudos da Religião, 2013, p. 155.

23. Bruno Boghossian e Luciana Nunes Leal, "Eleição do pastor Feliciano gera protestos pelo país". *O Estado de S. Paulo*, 9 mar. 2013.

24. Projeto de Decreto Legislativo (PDC) nº 234/2011. Ver "Projeto que criminaliza heterofobia é retirado de pauta por pedido de vistas", *Fórum*, 22 out. 2015. Disponível em: ‹www.camara.gov.br/proposicoesWeb/fichadetramitacao?idProposicao=505415›. Acesso em: 15 maio 2018.

25. Ana Carolina Soares, "Conheça a história de Talita Oliveira". Blog O Sexo e A Cidade, *Veja São Paulo*, 26 fev. 2017.

26. Fernanda Odilla, Johanna Nublat e Márcio Falcão, "Líderes da bancada evangélica se articulam para apresentar novo projeto da cura gay". *Folha de S.Paulo*, 2 jul. 2013.

27. Sandra Machado, "Não há cura pra o que não é doença". *Correio Braziliense*, 21 set. 2017.

28. Hellen Leite, "Choque, drogas e pornografias eram utilizadas para 'curar' homossexuais". *Correio Braziliense*, 22 set. 2017.

29. Raphael Gomide, "Pastor Silas Malafaia se consolida nas eleições como líder político nacional". IG, *Último Segundo*, 11 out. 2012. Disponível em: <http://ultimosegundo.ig.com.br/politica/2012-10-11/pastor-silas-malafaia-se-consolida--nas-eleicoes-como-lider-politico-nacional.html>. Acesso em: 14 maio 2019.

VOCÊ TEM MEDO DE QUÊ? [pp. 102-12]

1. Pedro Diniz, "Brasil patina no combate à homofobia e vira líder em assassinatos de LGBTs". *Folha de S.Paulo*, 17 maio 2017.

2. José Ricardo Pires de Almeida, *Homossexualismo (a libertinagem no Rio de Janeiro): Estudo sobre as perversões e inversões do instinto genital*. Rio de Janeiro: Laemmert, 1906.

3. Ver Mariana Nicodemus, "Carta em que Freud trata sobre 'reversão da homossexualidade' é compartilhada nas redes sociais". *O Globo*, 20 set. 2017.

4. Em maio de 2019, quando a versão final deste livro já havia sido fechada, o STF formou maioria para enquadrar homofobia e transfobia na lei dos crimes de racismo, e lideranças do Congresso se mobilizavam para aprovar uma lei sobre o assunto antes da decisão da Corte.

5. "Bancada gay lança projeto de lei para proibir casamento de evangélicos", *Sensacionalista*, 22 abr. 2013. Disponível em: <www.sensacionalista.com.br/2013/04/22/bancada-gay-lanca-projeto-de-lei-para-proibir-casamento-de--evangelicos/>. Acesso em: 30 abr. 2019 e "Internauta que ameaçou Jean Wyllys de morte é condenado pela Justiça", *Forum*, 5 set. 2015.

CASAMENTO IGUALITÁRIO: A GENTE JOGA ARROZ; OUTROS, AREIA [pp. 113-21]

1. Hannah Arendt, "Reflexões sobre Little Rock", em *Responsabilidade e julgamento: Escritos morais e éticos*. São Paulo: Companhia das Letras, 2004.

2. A proposta está disponível em: <www.camara.leg.br/proposicoesWeb/prop_mostrarintegra?codteor=1064244&filename=PL+5120/2013>. Acesso em: 3 maio 2019.

3. Bruno Bimbi, *Casamento igualitário*. São Paulo: Garamond, 2013, p. 429.

4. O PL 5120/2013 altera os artigos 551, 1514, 1517, 1535, 1541, 1565, 1567, 1598, 1642, 1723 e 1727 da lei nº 10 406, de 10 de janeiro de 2002, para reconhecer o casamento civil e a união estável entre pessoas do mesmo sexo.

5. A Resolução nº 175 está disponível em: <www.cnj.jus.br/busca-atos--adm?documento=2504>. Acesso em: 15 maio 2019.

6. Felipe Martins, "Rio celebra casamento gay coletivo". *Uol Rio*, 8 dez. 2013. Disponível em: <https://noticias.uol.com.br/cotidiano/ultimas-noticias/2013/12/08/rio-celebra-casamento-gay-coletivo-130-casais-participaram--da-cerimonia.htm>. Acesso em: 30 abr. 2018.

7. O PL nº 6583/2013, do deputado Anderson Ferreira (PR-PE), aguardava, até o fechamento deste livro, deliberação do recurso da mesa diretora da Câmara.

8. Adriana Abujamra, "A bancada de um homem só", op. cit.

9. Renan Ramalho, "STF equipara herança de união estável homossexual com a de casamento". *G1*, 10 maio 2017.

SEGUNDO MANDATO [pp. 122-40]

1. Lia Hama, "Remédio ou droga". *Trip*, 15 jun. 2011.

2. Ver, entre outras matérias da época, Afonso Benites, "Pressionada por religiosos, Marina muda propostas para homossexuais". *El País*, 31 ago. 2014.

3. Jean Wyllys, "Uma carta de amor", escrita para Eduardo Cunha a convite da *TPM*, n. 155, jul. 2015. Disponível em: <http://jeanwyllys.com.br/wp-content/uploads/2015/07/TRIP245_CARTAS.pdf>. Acesso em: 15 maio 2019.

4. Luciana Nunes Leal, "Com Cunha, a Câmara sob as mãos de um fiel". *O Estado de S. Paulo*, São Paulo, 11 fev. 2015.

5. Sávio Gabriel, "Vereador do Recife sugere que MEC queime livros". *Diário de Pernambuco*, 24 fev. 2016.

6. "Judith Butler escreve sobre a sua teoria de gênero e o ataque sofrido no Brasil". *Folha de S.Paulo*, Ilustríssima, 19 nov. 2017.

7. Alex Rodrigues, "Conselho de Psicologia aprova resolução com regra para atendimento a transexuais". *Agência Brasil*, 18 dez. 2017.

8. Projeto de lei nº 5002/2013, que dispõe sobre o direito à identidade de gênero e altera o art. 58 da lei nº 6015, de 31 de dezembro de 1973. Arquivado nos termos do art. 105 do Regimento Interno da Câmara dos Deputados, em janeiro de 2019.

9. Entrevista para o *Agora é Tarde*, TV Bandeirantes, 22 maio 2014. Disponível em: <www.youtube.com/watch?v=peQg34md27w>. Acesso em: 15 maio 2019.

10. "Vereador Fernando Holiday faz blitz em escolas para verificar 'doutrinação'". *O Estado de S. Paulo*, 4 abr. 2017.

11. Ranier Bragon, "Em debate sobre polêmica do MAM, deputados sugerem porrada e tortura". *Folha de S.Paulo*, 3 out. 2017; e Maria Teresa Cruz, "Em sessão da Câmara, deputado confessa tortura de presos". *Ponte Jornalismo*, [s.d.].

12. "Ministro e deputados batem boca em audiência sobre Queermuseu e MAM". *Folhapress*, 18 out. 2017.

13. "Cabo Daciolo protocola 'PEC sobre Deus' para mudar Constituição, contrariando PSOL". *O Globo*, 25 mar. 2015.

14. A discussão entre Jean Wyllys e João Rodrigues começou quando a comissão especial aprovou um texto que flexibilizava as regras para a obtenção de armas de fogo. Quando Jean Wyllys se manifestou contra a medida, João Rodrigues declarou, entre outras ofensas, que ele seria "defensor de bandido" e a "escória deste país". Ver "Jean Wyllys e João Rodrigues trocam acusações no plenário da Câmara". *Época*, 29 out. 2015.

CAIU NA REDE [pp. 141-7]

1. Lei nº 13504/2017, de Erika Kokay, Paulo Teixeira e Jean Wyllys. Disponível em: <planalto.gov.br/ccivil_03/_Ato2015-2018/2017/Lei/L13504.htm>. Acesso em: 15 maio 2019.

2. Lei nº 13442/2017, de Jean Wyllys, Mara Gabrilli (PSDB-SP), Rosinha da Adefal (PTdoB-AL) e Jandira Feghali (PTdoB-RJ). Disponível em: <planalto.gov.br/ccivil_03/_ato2015-2018/2017/lei/L13442.htm>. Acesso em: 15 maio 2019.

3. Disponível em: <http://jeanwyllys.com.br/verdadeoumentira>. Acesso em: 15 maio 2019.

4. Ivan Longo, "Jean Wyllys expõe difamadores nas redes". *Fórum*, 6 set. 2017. Disponível em: <www.revistaforum.com.br/jean-wyllys-expoe-difamadores-nas--redes-um-deles-ja-foi-demitido/>. Acesso em: 15 maio 2019.

5. Defesa de Jean Wyllys ao Conselho de Ética, representação n. 11/2016, ao relator Ricardo Izar, p. 15.

6. Ibid.

7. A pesquisa examinou cerca de 12 mil postagens de doze páginas do Facebook conhecidas por divulgar mentiras falsas. Disponível em: <https://www.revistaforum.com.br/pesquisa-da-veja-confirma-lula-e-o-maior-alvo-de-fake-news-no-brasil/>. Acesso em: 15 maio 2019.

O PROCESSO [pp. 148-60]

1. Julia Affonso, Ricardo Brandt, Mateus Coutinho e Andreza Matais, "Eduardo Cunha tem Porsche em nome de Jesus.com". *O Estado de S. Paulo*, 16 out. 2015.

2. Sobre todo o evento no impeachment de Dilma Rousseff, ver Defesa de Jean Wyllys ao Conselho de Ética, representação n. 11/2016, ao relator Ricardo Izar, pp. 16-23.

3. José Eduardo Agualusa, "Por uma ética da cuspidela". *O Globo*, 25 abr. 2016.

4. Grupo Desvio Coletivo, "Máfia – Exposição Interativa", em parceria com o Laboratório de Práticas Performativas da Universidade de São Paulo, 23 abr. 2016.

5. Em dezembro de 2018, Alexandre Frota foi condenado por injúria e difamação contra Jean Wyllys pela 2ª Vara Federal de Osasco, em São Paulo, do Ministério Público Federal. Ação penal privada n. 0003408-24.2017.403.6130.

AS IDEIAS SÃO À PROVA DE BALA [pp. 161-7]

1. A intervenção federal no Rio de Janeiro foi instituída em 16 de fevereiro de 2018. Foi a primeira aplicação do art. 34 da Constituição Federal de 1988, com o objetivo de amenizar o caos da segurança no estado do Rio de Janeiro.

2. Para entender melhor os desdobramentos e os efeitos da intervenção federal no Rio de Janeiro, ver João Paulo Charleaux, "Intervenção federal no Rio". *Nexo*, 16 fev. 2018; Rute I. Rodrigues e Karolina Armstrong, "A intervenção federal no Rio de Janeiro e as organizações da sociedade civil". Ipea, Boletim de Análise Político Institucional, n. 4, jan. 2019; Júlia Barbon e Lucas Vettorazzo, "Intervenção federal no RJ faz seis meses: entenda o que aconteceu até agora". *Folha de S.Paulo*, 15 ago. 2018.

3. O comentário foi uma resposta a uma postagem do advogado Paulo Nader, que chamou Marielle de "lutadora dos direitos humanos". A desembargadora se baseou em notícias falsas que corriam pela internet e atestou que não conhecia Marielle até saber de sua morte. Sobre os comentários contra Jean Wyllys, declarou que foi "brincadeira". Em ambos os casos, a desembargadora foi investigada pela Corregedoria Nacional de Justiça. Em maio de 2019, os desembargadores da Corte Especial do STJ aceitaram a queixa-crime contra ela movida por Jean. Ver Carina Bacelar e Rayanderson Guerra, "CNJ recebe duas ações contra desembargadora Marilia Castro Neves", *O Globo*, Rio de Janeiro, 19 mar. 2018; "Desembargadora que sugeriu 'paredão' para Jean Wyllys vira ré no STJ", *Veja*, Rio de Janeiro, 15 maio 2019.

4. Mateus Rodrigues, "Após divulgar fake news sobre Marielle, deputado Alberto Fraga suspende redes sociais". *G1*, 19 mar. 2018.

5. André Cabette Fábio, "Como falar com quem acha que Marielle merecia morrer por 'defender bandido'". *Nexo*, 15 mar. 2018.

PARTIDO [pp. 171-84]

1. "Candidatos do PSL destroem placa com homenagem a Marielle Franco". *O Estado de S. Paulo*, 3 out. 2018; "É #FATO que deputados eleitos pelo PSL quebraram placa com nome de Marielle Franco em comício de Wilson Witzel". *O Globo*, 8 out. 2018.

2. Graciele Castro, "Em reação à saída de Jean Wyllys, família Bolsonaro volta a ligar PSOL a atentado". *Huffpost Brasil*, 25 jan. 2019.

3. Fernanda Nunes, Constança Rezende e Vinicius Neder, "Bolsonaro admite não ir a debates com Haddad por 'estratégia'". *O Estado de S. Paulo*, 11 out. 2018.

4. Paulo Freire se tornou patrono da educação em 2012, por meio de uma lei federal sancionada pela então presidenta Dilma Rousseff, de acordo com projeto apresentado por Luiza Erundina (PSOL-SP). Em abril de 2019, o presidente Bolsonaro declarou que pretende conferir o título a outra pessoa. Karla Gamba e Renata Mariz, "Bolsonaro diz que vai mudar patrono da Educação brasileira, título conferido a Paulo Freire". *O Globo*, 24 abr. 2019.

5. O Massacre de Suzano ocorreu em 13 de março de 2019 na Escola Estadual Professor Raul Brasil, no município de Suzano, em São Paulo. A dupla de atiradores, Guilherme Taucci Monteiro e Luiz Henrique de Castro, ambos ex-alunos, mataram cinco estudantes e duas funcionárias da escola (além do tio de Guilherme).

6. Wilson Gomes é colunista da *Cult*. Ver "Sobre Gentili, seus escrotos e o limite da liberdade de humilhação". *Cult*, 12 abr. 2019.

7. Leonardo Lichote, "Chico desacata na estreia da turnê Caravanas em BH". *O Globo*, 14 dez. 2017.

A PARTIDA [pp. 185-98]

1. Heloísa Mendonça, Naiara G. Gortázar, "Bolsonaro a milhares em euforia: 'Vamos varrer do mapa os bandidos vermelhos'", *El País*, São Paulo, 22 out. 2018.

2. São Paulo: Paralela, 2014.

3. *Entre os homens de bem*, dir. Caio Cavechini e Carlos Juliano Barros, 2016.

4. Para saber mais sobre as milícias, ver Alan de Abreu, "A metástase". *piauí*, n. 150, mar. 2019. Disponível em: ‹https://piaui.folha.uol.com.br/materia/a--metastase/›. Acesso em: 16 maio 2019.

5. Carlos Juliano Barros, "Com medo de ameaças, Jean Wyllys, do PSOL, desiste de mandato e deixa o Brasil". *Folha de S.Paulo*, 24 jan. 2019.

6. Iniciados por anônimos, boatos que ligavam ex-deputado a ataque a Bolsonaro explodiram com Olavo de Carvalho, Alexandre Frota e Lobão no Twitter e Facebook. Disponível em: ‹https://exame.abril.com.br/brasil/rastreamos-a--hashtag-que-espalhou-fake-news-sobre-jean-wyllys/›. Acesso em: 20 abr. 2019.

7. Jean Wyllys, "Meu querido, meu velho, meu amigo". *Uol*, Universa, 6 abr. 2019.

A PARTIR [pp. 199-205]

1. Sueli Rolnik, *Cartografia sentimental: Transformações contemporâneas do desejo*. São Paulo: Sulina, 2006.

2. Composição de Isolda e Eduardo Dusek, "Quem é você".

ESTA OBRA FOI COMPOSTA PELA ABREU'S SYSTEM EM INES LIGHT
E IMPRESSA EM OFSETE PELA LIS GRÁFICA SOBRE PAPEL PÓLEN SOFT DA
SUZANO S.A. PARA A EDITORA SCHWARCZ EM JULHO DE 2019